Die Bibel in Bildern

Biblia/ das ist/ die gantze Heilige Schrifft Deudsch.

Mart. Luth.

Wittemberg.

Begnadet mit Kürfurstlicher zu Sachsen freiheit.

Gedruckt durch Hans Lufft.

M. D. XXXIIII.

Die Bibel in Bildern

Illustrationen aus der Werkstatt von Lucas Cranach (1534)

Mit einer kulturhistorischen Einführung von
Stephan Füssel

Directed and produced by
Benedikt Taschen

TASCHEN

HONG KONG KÖLN LONDON LOS ANGELES MADRID PARIS TOKYO

„Das Buch der Bücher"

Stephan Füssel

„Sie werden lachen: die Bibel", antwortete Bertolt Brecht auf die ihm gestellte Frage, welches er für das wichtigste deutsche Buch hielte. Die historischen Erzählungen des Alten Testaments, die reichen Allegorien und Bilder, die Wundererzählungen und die Heilsgeschichte des Neuen Testaments bilden für jeden, der sich mit Literatur und Kultur, Theologie und Geschichte Europas der letzten 2000 Jahre beschäftigt, die entscheidende literarische Fixierung. Nicht umsonst findet das sogenannte „christliche Abendland" seine Grundlegung in den Mythen und Erzählungen der hebräischen, griechischen und aramäischen Ur-Fassungen und wird das „Buch der Bücher" durch die Übertragung des heiligen Hieronymus im 4. nachchristlichen Jahrhundert in die allgemein gültige lateinische Version (*Vulgata*) zum Fundament der europäischen Kultur. Über 1000 Jahre weitgehend in der lateinischen Sprache überliefert, kommentiert und ausgelegt, nehmen unmittelbar mit der Erfindung der Buchdruckerkunst durch Johannes Gutenberg um 1450 in Mainz die deutschsprachigen Übersetzungen zu. Sie kulminieren in der einmaligen Übersetzungsleistung Martin Luthers zu Beginn des 16. Jahrhunderts, die bis in die Gegenwart durch ihre sprachbildende, literarische Bilder prägende und theologisch mutige Sprache überzeugt. Im deutschsprachigen Kulturraum ist diese theologische und sprachliche Übersetzungsleistung Luthers von einmaliger Bedeutung und prägend bis in unsere heutige Alltagssprache.

„Doctor Martinus Luther sprach: Die Druckerey ist *Summum et postremum donum*, durch welches Gott die Sache des Evangelij fort treibet. Es ist die letzte Flamme für (vor) dem auslesche n der Welt ...". Mit dieser euphorischen Beurteilung der Buchdruckerkunst schließt Johannes Aurifaber 1566 seine *Tischreden oder Colloquia Doctor Martin Luthers*, in denen er die reformatorischen Ideen mit anschaulichen Exempeln in populärer Form weitergibt. Aurifaber (1519–1575) erkennt mit diesem eingängigen Diktum Luthers die wichtige Rolle des Buchdrucks für die Verbreitung der reformatorischen Lehre und vor allem der Heiligen Schrift an. Das Zitat verweist indirekt auch auf die Zweisprachigkeit der Literatur im 15./16. Jahrhundert; denn trotz der Bemühungen um volkssprachige Information blieb der Anteil lateinischer Werke dominierend. Immerhin erschien aber in den Anfangsjahren der Reformation zwischen 1518 und 1526 fast dreimal so viel deutschsprachige Literatur wie zwischen 1501 und 1517.

Die Zahl der 18 deutschsprachigen Bibelausgaben vor Luther ist bemerkenswert; wenn ihre Wirkung dennoch eingeschränkt blieb, lag dies sicher an den hohen Preisen, dem veralteten Sprachstand und an dem Übersetzungsprinzip *verbum e verbo*, das sich eng an die lateinische Vorlage anschloss und dadurch häufig Verständnisschwierigkeiten und Sinnentstellungen bot. Die deutsche Fassung war daher nur demjenigen verständlich, der ohnehin den lateinischen Text lesen konnte. Da zudem die Kirche den Anspruch erhob, allein die Heilige Schrift auslegen zu können, fehlte die notwendige Anregung zum Erwerb der Ausgaben.

Erst der grundsätzlich neue Stellenwert, den Luther der Heiligen Schrift für das theologische Denken und die kirchliche Praxis zuerkannte, die Grundsätze von der Alleingültigkeit der Heiligen Schrift in Glaubensfragen (*sola scriptura*) und der Mündigkeit der Laien, die selbst die Bibel lesen und zwischen geoffenbarter Wahrheit und verfälschter Praxis der „alten Kirche" entscheiden sollten, sowie die mit sprachschöpferischer Kraft aus den Urtexten neu gewonnene deutsche Fassung sicherten Luthers Bibelübersetzung eine bis dahin unbekannte Resonanz: Von 1522 bis zum Tode Luthers (1546) erschienen über 300 hochdeutsche Bibelausgaben mit einer Gesamtauflage von über einer halben Million Exemplaren – bei dem sich erst entwickelnden Buchmarkt und der geringen Lesefähigkeit eine bis dahin unerreichte Zahl. Ein Drittel der gesamten deutschsprachigen Buchproduktion in der ersten Hälfte des 16. Jahrhunderts entfiel auf Luthers Schriften.

Die nachfolgende Einführung ist der Versuch, die Geschichte der deutschsprachigen Bibelübersetzungen vor Luther, den Werdegang des Reformators und die Geschichte seiner Bibelübertragung, die besondere Rolle seiner Übersetzungsprinzipien und eine Würdigung seiner speziellen Sprachkraft sowie deren Rezeptionsgeschichte aufzuzeigen. Ebenso wird das Wechselverhältnis von Geistes- bzw. Theologiegeschichte und Mediengeschichte dargestellt, da sich die Reformation ohne den nur zwei Generationen zuvor erfundenen Buchdruck nicht auf diese Art und Weise hätte durchsetzen können, wie auch die Buchdruckerkunst durch die geistige Kraft der Reformation einen erheblichen Aufschwung nahm.

Ill. 1

Ill. 1
Bildnis Martin Luthers, aus der Werkstatt Lucas Cranachs d. Ä., um 1526–1529. *Münster, Westfälisches Landesmuseum für Kunst- und Kulturgeschichte*

Ill. 2
Lateinische Bibel-Handschrift, Mainz um 1452, sog. „Giant Bible“, Blatt II verso, Anfang des Buches Genesis. *Washington, The Library of Congress, The Rosenwald Collection*

Ill. 3
Erste deutsche Bibel, sog. „Mentelin-Bibel“, Straßburg 1466 (GW 4295), Blatt IV recto, Beginn des Buches Genesis mit handschriftlicher roter Initiale „A“. *Göttingen, Staats- und Universitätsbibliothek*

Ill. 4
Zweite deutsche Bibel, sog. „Eggestein-Bibel“, Straßburg nicht nach 1470. Blatt 1 recto. *Göttingen, Staats- und Universitätsbibliothek*

Die Bibel – eine immerwährende Geschichte ihrer Übersetzung

Über 2500 Jahre alt ist das Wort des Psalmisten: „Der Herr gibt ein Wort; der Herolde, die es verkünden, ist eine große Schar“ (Ps 68,12). Wie das Alte Testament die Verbreitung des Wortes Gottes in die Hände vieler Verkünder und Übersetzer gelegt hat, so spricht auch das Neue Testament von dem missionarischen Auftrag: „Gehet hinaus in alle Welt und lehret alle Völker“ (Mk 16,15). Ebenso wird bei der Darstellung des Pfingstwunders (Apg 2) die Übertragung von Gottes Botschaft in alle Sprachen der Erde plastisch geschildert: „Da wurden sie alle vom Heiligen Geist erfüllt und begannen in fremden Sprachen zu reden, gerade, wie der Geist es ihnen eingab“ (Apg 2,4).

Die Geschichte der Heiligen Schrift ist die ihrer Sammlung, Bearbeitung, Interpretation und Übersetzung. Aus der mündlichen Überlieferung stammende Texte unterschiedlicher Gattungen (historische, prophetische oder lyrische Texte) des Alten Testaments wurden in über 1000 Jahren zunächst auf Hebräisch schriftlich fixiert, seit dem 4. Jahrhundert v. Chr. auch auf Aramäisch (*Daniel, Esra*), dann ins Griechische übertragen (*Septuaginta*, 3.–1. Jh. v. Chr.) und schließlich seit dem 2. nachchristlichen Jahrhundert, gemeinsam mit dem griechischen Neuen Testament ins Lateinische übersetzt (*Vetus Latina*). Hieronymus erstellte seit 383 eine Neuübersetzung – die das ganze Mittelalter beherrschende *Vulgata* –, worauf sich die Übersetzungen in die Volkssprachen anschlossen.

Die Texte der Bibel übten Einfluss auf die Stoff-, Motiv- und Sprachgeschichte vieler Nationalliteraturen aus; ihre reiche Bildsprache prägte die Vorstellungswelt unterschiedlicher Völker und literarischer Werke von Weltruhm. Jede Übersetzung ist gleichzeitig auch eine Interpretation in der neuen Zielsprache, da neben dem literarischen ja auch der theologische Gehalt zu überliefern ist. Dies führte natürlich stets zu Debatten und kritischen Auseinandersetzungen über die Qualität einer Übersetzung bzw. über deren Rechtmäßigkeit. Die mehrfache sprachliche Filterung führte zu Bedeutungsverengungen und gelegentlich zu Missverständnissen. So wurde zum Beispiel der zentrale hebräische Begriff „dawar“ im Griechischen zu „logos“, im Lateinischen zu „verbum“ und im Deutschen dann zu „Wort“ verkürzt. Nur eine homiletische Exegese schafft wiederum das ursprüngliche weite Wortverständnis, das die Begriffe „Anliegen“, „Ereignis“, „Geschichte“, schließlich das göttliche Geheimnis selbst einschließt.

Die schwierige Aufgabe des Übersetzers, sowohl dem Ausgangstext als auch dem Verständnis in der Zielsprache verpflichtet zu sein, wird bei der Vielzahl der durch Tradition und gottesdienstliche Übung geprägten Begriffe zu einem kaum mehr zu leistenden Unterfangen. Zentrale hebräische Schlüsselworte wie etwa „torah“ (Lehre, Weisung; nicht nur „Gesetz“), „nawi“ (Bewahrer der Heilswahrheit, Mahner und Künder; nicht nur „Prophet“) oder „schalom“ („Frieden“, durch griechisch „eirene“ oder lateinisch „pax“ vorbestimmt, gibt nur einen Aspekt der gottgewollten vollkommenen Harmonie wieder, die der hebräische Begriff meint) konnten nur unter deutlichem Sinnverlust in die jeweiligen Landessprachen übersetzt werden. Die Vieldeutigkeit der hebräischen Begriffe blieb nur in Einzelfällen erhalten.

Oft sind es auch die kulturellen Differenzen, die manche Bilder, Gebräuche und Haltungen als unverständlich erscheinen lassen. Ein einfaches Beispiel kann dies deutlich machen. Im Osterbericht von der Auferstehung Jesu übersetzt Luther bei der Entdeckung des leeren Grabes, dass Maria Magdalena draußen vor dem Grab stand: „Als sie nun weinte, guckte sie in das Grab, und siehet zween Engel in weißen Kleidern ...“ (Joh 20,11). In der Nachfolge Luthers formuliert die ökumenische Einheitsübersetzung 1980: „Maria aber stand draußen vor dem Grab und weinte. Während sie weinte, beugte sie sich in die Grabkammer hinein.“ Diese unverständliche Geste des Vorbeugens während des Weinens hatte in der griechischen und in der lateinischen Fassung durchaus noch einen anderen Sinn (*dum ergo fleret, inclinavit se et prospexit ...*), nämlich nicht das Vornüberbeugen zum Hineinschauen, sondern den gebeugten Rücken als Zeichen der Klage („gramgebeugt“), und müsste daher übersetzt werden: „Maria aber blieb vor dem Grab und weinte bitterlich, von Kummer und Schmerz gebeugt. Als sie aufblickte, sah sie plötzlich in der Grabkammer ...“ (Übersetzungsvorschlag K. Berger/Ch. Nord). Dieses kleine Beispiel kann zeigen, dass jeweils die Sitten und Gebräuche, die kulturellen Eigenschaften und Gewohnheiten auch bei der Übersetzung mitbedacht werden müssen.

Bibelübersetzer sind mehr noch als andere Übersetzer von Literatur gefordert, den Sinn des Urtextes vollständig zu erfassen und möglichst ohne Verlust des theologischen Anliegens zu übertragen. Gegen die „Buchstabilisten“, die das Wort der Schrift höher einschätzten als ihren Sinn (und die von der Vorstellung eines göttlich inspirierten, makellosen und daher auch unantastbaren Textes ausgingen und viele Kirchenväter auf ihrer Seite hatten), sprach sich Martin Luther mit Vehemenz

Ill. 2

Ill. 3

Ill. 4

aus. In der freieren, sinngemäßen Übersetzung liegt dagegen immer die Gefahr, zu zeitgebunden zu übersetzen und sich nur punktuell einer Kernaussage zu nähern.

Die erste Bibelübersetzung in eine germanische Sprache erfolgte im 4. Jahrhundert durch den Westgoten Wulfila, der sich eng an den griechischen Text anlehnte, aber auch den lateinischen zurate zog. Die im *Codex argenteus* (6. Jh., heute in der Universitätsbibliothek von Uppsala/Schweden) erhaltenen Teile sind die wichtigsten gotischen Sprachdenkmäler. Wie in vielen anderen Fällen auch, stand hier die Bibel am Beginn einer eigenständigen Nationalliteratur. Im frühen Mittelalter war die lateinische *Vulgata* der allgemein verbindliche Bibeltext; bis zum 12. Jahrhundert war es unüblich, die vollständige Bibel zu verbreiten, es wurden Einzelübersetzungen der Evangelien oder des Psalters oder der Evangelistare (die Sonntagsevangelien in der kalendarisch vorgegebenen Reihenfolge) abgeschrieben, gegebenenfalls übersetzt und verbreitet. Erhalten hat sich so zum Beispiel das Matthäus-Evangelium aus dem Kloster Mondsee bei Salzburg aus dem 8. Jahrhundert. Neben dieser beispielhaften Eindeutschung findet sich im 9. Jahrhundert eine sehr mechanische Bibelübersetzung der Evangelienharmonien des Syrers Tatian (2. Jh.), die an eine Interlinearversion erinnert, das heißt, dass Wort für Wort, Zeile für Zeile übertragen wurde. Sie gab aber die Anregung für die poetische Erzählung des Lebens Jesu im *Heliand* um 830 (6000 Langzeilen im Stabreim), die zur Missionierung der Sachsen im Auftrag Ludwigs des Frommen in Altsächsisch verfasst wurde.

Die Psalmenübertragungen Notkers des Deutschen (um 1000) sind durch eine enge Verbindung von deutschen und lateinischen Formulierungen gekennzeichnet und enthalten erstmals auch einen volkssprachigen Bibelkommentar. Das lateinische Wort *biblia* für die Einheit der biblischen Bücher ist erst seit dem 12. Jahrhundert belegt, der deutschsprachige Begriff „biblie, bibel" im Mittelhochdeutschen seit dem 13. Jahrhundert. Die wenigen erhaltenen Bibelübersetzungen in den germanischen Volkssprachen machen auch deutlich, dass keine besondere Notwendigkeit aus der Sicht der Kirche bestand, diese Texte in die Volkssprachen zu übersetzen, da die *Vulgata* die allein verbindliche Textgrundlage bildete. Daher finden sich in den Volkssprachen eher Bibeldichtungen, das heißt freiere Nacherzählungen einzelner biblischer Bücher, biblischer Episoden oder einzelner herausgenommener Stoffe und Legenden.

Der Buchdruck und die Bibel

Die Geschichte der Buchdruckerkunst ist untrennbar mit der Verbreitung der Heiligen Schrift verbunden. Als erstes Buch von Bedeutung druckte Johannes Gutenberg (um 1400–1468) in den Jahren 1452 bis 1454 die vollständige lateinische *Vulgata* in 140 Papier- und 40 Pergamentexemplaren. Es ist bezeichnend für die neue Erfindung, dass sie zunächst die alten „Bestseller" tradierte, das heißt in der Frühzeit der Buchdruckerkunst wurden nur die Texte in Latein und in den Volkssprachen gesetzt und gedruckt, die auch schon in den Handschriften weit verbreitet gewesen waren. Gutenberg und seine Zeitgenossen übernahmen aber nicht nur die Inhalte, sondern sie imitierten auch die Form der handschriftlichen Bücher. Dies kann bereits bei der Bibel anschaulich vorgestellt werden, wenn man die mögliche Druckvorlage, eine handgeschriebene Bibel des Jahres 1452 aus Mainz betrachtet, die sich heute in der Library of Congress in Washington befindet (Abb. S. 7 links). Diese nach ihrem Großformat benannte „Giant Bible" besteht aus zwei Bänden mit 244 bzw. 254 Blatt Pergament, die genau zu der Zeit in Mainz abgeschrieben wurden, als Gutenberg bereits mit beweglichen Typen experimentierte. Eine solche oder ähnliche handschriftliche Druckvorlage stand Gutenberg in Mainz zur Verfügung. Er übernahm zunächst die gotische Buchschrift, die Textura (*lateinisch*: das „Gewebe"), die vornehmlich im liturgischen Bereich verwendet wurde. Der Text wurde von ihm ebenfalls in zwei Kolumnen gegliedert, deren Ränder relativ gleichmäßig ausgeglichen wurden (Blocksatz), die Hervorhebungen in der Handschrift wie im Druck erfolgten mit roter Tinte, die Initialen und die Randleisten wurden in beiden Fällen in einem zweiten Arbeitsgang eingefügt. Gutenberg hatte anfangs mit Rotdruck experimentiert, da er aber den jeweiligen Satz nicht passgenau aufeinander drucken konnte, gab er diese Versuche rasch auf und beschäftigte weiterhin Buchmaler, Rubrikatoren und Illuminatoren wie in der Handschriftenzeit.

Die Handschrift aus Washington im Großformat (75 x 40 cm) wurde von mehreren Illuminatoren ausgestaltet. Auf den vom (unbekannten) Hauptmeister gestalteten Seiten zieht sich jeweils lebendiges Rankenwerk um den gesamten Text, verzweigen sich spielerisch viele kleine Äste und rollen sich zum Text hin ein. Besonders der figürliche Reichtum, die häufig wiederkehrenden Tiermotive sowie die immer wieder verwendeten Blumen (Akelei, Rosen und Alpenveilchen) bestimmen seine Arbeit. In der linken Spalte ist vor dem Text die blaue Initiale I (*In principio …*) zu sehen, die sich auf beiden Seiten in spiralförmiges Ran-

Ill. 5

Ill. 6

Ill. 7

kenwerk umformt. Über die Ranken am oberen Bildrand, die Rosen- und Akeleiblüten umschließen, hüpfen eine Elster und ein Rabe. Auf der von der Initiale ausgehenden Ranke am linken Bildrand tummeln sich an der ersten Astgabelung drei Jagdhunde, darüber sehen wir einen äsenden Hirsch, einen liegenden Hund und eine Kohlmeise, darunter einen Jagdhorn blasenden Jäger und einen Wiedehopf. Direkt neben der blauen Initiale wird in einem Medaillon der Siebte Schöpfungstag dargestellt: Wasser und Land sind gebildet, Tiere, Pflanzen und der Mensch (eine Stadt) sind bereits erschaffen: „Und Gott sah, dass es gut war …".

Die Ranken am unteren Bildrand sind symmetrisch aufgebaut, zwei Drachen bilden die äußeren Begrenzungen, darüber sind ein Bär und ein Affe mit starren Ketten an die Ranken gebunden, die Zweige selbst schwingen in die Mitte, wo sie von einer Maske geschluckt werden. Am rechten Bildrand versucht ein Putto in einem Blättermantel an der Ranke hochzuklettern, um einen dort sitzenden Specht zu ergreifen. Die reichen floralen Elemente und die lebendigen Tierdarstellungen zeichnen den Hauptmeister dieser handgeschriebenen Riesenbibel aus.

Gutenberg hatte 1454 den Druck der lateinischen Bibel (Bibel mit 42 Zeilen, „B42") vollendet. Enea Silvio Piccolomini, der spätere Papst Pius II. (reg. 1458–1464), berichtete 1455 in einem Brief, dass Gutenberg 180 Exemplare hergestellt habe, die er auf dem Frankfurter Reichstag 1454 präsentierte: „Sehr schön gleichmäßig und ohne Brille zu lesen". 49 Exemplare haben sich bis heute erhalten (zum Teil unvollständig). Ein herausragendes Exemplar befindet sich heute in der Göttinger Staats- und Universitätsbibliothek und gehört zu den nur vier vollständig erhaltenen Pergament-Exemplaren. Es ist auf allen 1282 Seiten gleichmäßig rubriziert und hochwertig illuminiert worden. Die übrigen vollständigen Pergament-Drucke befinden sich in der British Library in London (vermutlich aus der Kartause in Mainz), der Library of Congress in Washington (aus dem Benediktiner-Kloster St. Blasien im Schwarzwald) und in der Bibliothèque Nationale in Paris (aus dem Benediktiner-Kloster St. Jakob in Mainz). Das Göttinger Exemplar (Abb. oben links) enthält Kolumnentitel in roter Missalschrift, die Kapitelzahlen und Kapitelanfänge sind abwechselnd in Rot und Blau geschrieben, was den Seiten einen festlichen Charakter verleiht. Alle Initialen wurden ausgemalt, zum Teil mit feinem Flechtbandwerk ergänzt, die großen Initialen sind reich mit Gold und Farben und sich anschließendem Rankenwerk dekoriert. Die erste Seite wurde mit einer dreiseitigen Ranke in Akanthus, Farn oder farbigem Dornblatt geschmückt, die sich beidseitig an die Zierinitiale F (*Frater Ambrosius …*) mit gerautetem Innenfeld anschließt. Die Ausgestaltung erfolgte konsequent nach den Vorlagen eines sogenannten Musterbuches aus der Mitte des 15. Jahrhunderts, das sich heute ebenfalls in der Göttinger Staats- und Universitätsbibliothek befindet.

Die deutschen Bibeln vor Luther

Die Ausbreitung des Buchdrucks ist eng mit der Geschichte des lateinischen Bibeldrucks verbunden. Insgesamt erschienen in den ersten 50 Jahren des Buchdrucks (um 1450–1500), der sogenannten Inkunabelzeit (*incunabula* – die Wiege), etwa 30 000 unterschiedliche Titel in Europa, davon etwa 85 Prozent in lateinischer Sprache und nur 15 Prozent in den Volkssprachen. Dazu gehörten 94 Gesamtausgaben der lateinischen *Vulgata*, 22 in direkter Abhängigkeit zur Gutenberg-Bibel, und bis zu Luthers grandioser Übersetzungsleistung kamen immerhin 18 unterschiedliche Ausgaben in deutscher Sprache auf den Markt, 14 oberdeutsche und 4 niederdeutsche Versionen. In ihren Druckorten Straßburg, Augsburg, Köln, Nürnberg und Lübeck erschien auch schwerpunktmäßig die Literatur in deutscher Sprache.

Die Buchdruckerkunst hatte sich in Windeseile durch Deutschland und Mitteleuropa verbreitet und war im Jahr 1500 in etwa 300 Orten mit circa 3000 Offizinen ansässig. Einer der frühesten Druckorte war Straßburg, wo mit Johannes Mentelin (um 1410–1478) und Heinrich Eggestein (um 1415–um 1483) zwei Frühdrucker wirkten, die möglicherweise in enger Beziehung zu Johannes Gutenberg gestanden hatten. Ihre ersten volkssprachigen Bibelausgaben sind noch nicht illustriert, die späteren Bibeln dagegen wurden mit reichem Holzschnittschmuck verziert.

Johannes Mentelin war schon in der Handschriftenära als Lohnschreiber mit der Verbreitung von Texten beschäftigt gewesen. Er arbeitete (seit 1458?) in seiner Offizin mit Heinrich Eggestein zusammen, der 1465 allerdings eine eigene Druckerei einrichtete und zu seinem Hauptkonkurrenten wurde. Mit hoher Wahrscheinlichkeit hat Heinrich Eggestein Johannes Gutenberg in dessen Straßburger Zeit (um 1434–1444) kennengelernt. Mit überzeugenden Argumenten nimmt man an, dass Eggestein in den 1450er-Jahren in Mainz bei Gutenberg lernte und am Bibeldruck sowie am Druck des *Türkenkalenders* 1454 beteiligt gewesen ist. 1449 kehrte Eggestein nach Straßburg zurück, wo er das Bürgerrecht erwarb. Nach einem heute leider nur in einer Abschrift erhaltenen Dokument verpflichteten sich Mentelin und Eggestein, die nur ihnen in Straßburg bekannte Kunst des Druckens geheim zu halten. Beide konn-

Ill. 8

Ill. 5

„Gutenberg-Bibel“, B 42, um 1454 (GW 4210), Band 1, Blatt I recto. *Göttingen, Staats- und Universitätsbibliothek*

Ill. 6

Dritte deutsche Bibel, sog. „Zainer-Bibel“, Augsburg 1475/76 (GW 4298), Band 1, Blatt I recto, Vorrede des Hieronymus an Paulus. *Göttingen, Staats- und Universitätsbibliothek*

Ill. 7

„Zainer-Bibel“, Band 2, Blatt XV recto, Anfang des Markus-Evangeliums mit Initiale „A“

Ill. 8

Niederrheinische Bibel, sog. „Kölner Bibel“, Köln 1478/79 (GW 4308), Blatt II recto, Anfang der Apokalypse. *Göttingen, Staats- und Universitätsbibliothek*

ten erhebliche Gewinne durch den Druck von lateinischen Bibeln erzielen, Mentelin druckte 1461 eine *Vulgata*, Eggestein 1466 (GW 4205) und zwei weitere in der zweiten Hälfte der 1460er Jahre (GW 4206 u. 4208). Zwischen 1461 und 1497 wurden insgesamt in Straßburg zwölf lateinische Bibelausgaben hergestellt.

1466 gab Mentelin die erste deutschsprachige vollständige Bibel heraus, die auf einer verlorenen, in Bayern entstandenen, 100 Jahre alten Übersetzung beruhte und schon zeitgenössisch veraltet und kaum verstehbar war (Abb. S. 7 Mitte). Sie schloss sich eng an die lateinische Vorlage an, sodass der deutsche Text eigentlich nur verstanden werden konnte, wenn man auch die lateinische Grammatik beherrschte. Ein Beispiel aus der Genesis (1,3 f.) kann dies zeigen:

dixitque Deus	*fiat lux*	*et facta lux*
Vnd got der sprach.	liecht werde gemacht	Vnd das liecht ward gemacht.
et vidit Deus lucem	*quod esset bona.*	
vnd got der sache daz liecht	das es ward gut.	

Mentelin druckte in einem sehr kleinen Schriftgrad 61 Zeilen pro Spalte in einer noch ungelenken Gotico-Antiqua, sodass er den Gesamtumfang auf 812 Seiten begrenzen konnte. In der Ordnung richtete er sich weitgehend nach der *Vulgata*, nur stellte er die Apostelgeschichte hinter den Hebräerbrief und nicht hinter das Johannes-Evangelium. Der Satzspiegel wurde großzügig mit weit auseinander stehenden Kolumnen und breiten Papierrändern angeordnet und der Zeilendurchschuss dem Schriftgrad adäquat angepasst, sodass trotz des kleinen Grades eine gute Lesbarkeit gegeben war. Wie auch bei seinen anderen Drucken verwendete er keine gedruckten Initialen oder Holzschnitte, sondern ließ Raum, um Initialen von Rubrikatoren einfügen zu lassen. Zu Beginn des ersten Buches der Makkabäer (Blatt 301 recto) trug der Rubrikator sowohl den Kolumnentitel am oberen Rand als auch den Beginn des *Prologus* mit der Hand ein, daneben auch die Initialen über sieben Zeilen beim Prolog und über acht Zeilen beim ersten Buch. Trotz ihrer veralteten Sprache wurde diese Bibel bis 1518 insgesamt 13-mal, darunter 9-mal allein in Augsburg, nachgedruckt. In der zweiten und dritten Ausgabe, 1470 bei Heinrich Eggestein in Straßburg und 1475 bei Jodokus Pflanzmann in Augsburg, wurden vereinzelt ungebräuchliche Wörter ersetzt (z. B. „lützel“ durch „wenig“, „michelichen“ durch „groß machen“), jedoch wurde erst die vierte Ausgabe, um 1475 bei Günther Zainer (um 1420–1478) in Augsburg gedruckt, einer gründlichen Textrevision anhand der *Vulgata* unterzogen.

Die Ausgabe von Eggestein (Abb. S. 7 rechts), der nur ausgesprochen wenig Worte veränderte, dagegen aber blattgetreu nachdruckte, ist ohne eine Schlussschrift oder ein Titelblatt erschienen, und daher kann das Druckdatum nur erschlossen werden. Sie wurde vor oder im Jahre 1470 gedruckt, und zwar auch in einem zweispaltigen Satz, jede Spalte mit 60 Zeilen. Auch er druckte noch keine Initialen mit, sondern ließ Platz für die Hand des Rubrikators, der Lombarden (bauchig gerundete Initialbuchstaben im Unzialstil) einfügte und alle Großbuchstaben und Satzanfänge mit einem feinen kleinen roten Strich hervorhob, um so auch die Lesbarkeit zu vergrößern. Nicht einmal eine Blattzählung ist vorhanden, auch keine Kapitel- oder Zeilenzählung.

Für die dritte deutsche Bibel (um 1475), die Günther Zainer in Augsburg druckte, wurde der Text einer gründlichen Revision unterzogen. In seiner Verlagsanzeige von 1476, einer der ersten gedruckten Buchhändleranzeigen überhaupt, wirbt Zainer offensiv damit: „Das buch der teutschen Bibel mit figuren mit größtem Fleiß corrigiert vnd gerechtgemacht. Also daz alle frembde teutsch vnd vnverstendtliche wort, so in den erstgedruckten klainen bybeln gewesen, gantz ausgethan, vnd nach dem latein gesetzt vnd gemacht seind.“ Neben der Besserung und Modernisierung des Textes gab Zainer zum ersten Mal in einer deutschen Bibel Illustrationen bei, 73 Bildinitialen zu Beginn jedes biblischen Buches; sie illustrieren 45 biblische Szenen oder zeigen „Autorenbilder“ (Evangelisten, Propheten und Apostel) und die Übergabe der apostolischen Briefe (Abb. S. 8 Mitte, rechts). Es fällt auf, dass die Initialen überproportioniert zwei Drittel der Spaltenbreite einnehmen. Die Prologe werden durch eine quadratische Maiblumen-Initiale geziert und die Kolumnentitel in Schwarz und die Kapitelüberschriften in Rot mitgedruckt. Zainers ausgefeilte Gotico-Antiqua schafft ein sehr ruhiges und ausgewogenes Gesamtbild, zu dem wiederum die freie Stellung der Kolumnen mit dem breiten Zwischenschlag beiträgt. Die gut ausgeglichenen Zeilen und die Qualität der Type wird im ersten Kapitel des Propheten Jesaja und der überaus sprechenden Initiale des Stammbaumes Jesu aus der Wurzel Jesse (Jes 11,1–9) deutlich. Die Holzstöcke verwendete Günther Zainer in einer zweiten Auflage von 1477 noch einmal, und man findet sie auch in der Ausgabe von Anton Sorg, Augsburg 1480, die nach Zainers Tod erschien.

Waren bei Mentelin die Überschriften, die Kolumnentitel und die Paginierung noch von Hand nachgetragen worden, so wurden sie bei Zainer mitgedruckt. Die Qualität der Übersetzung wird im Kolophon

Ill. 9

Ill. 9
„Biblia italienisch", Venedig 1471 (GW 4311), von Niccolò Malermi, Blatt IX recto, Erschaffung Evas aus Adams Rippe. *Göttingen, Staats- und Universitätsbibliothek*

Ill. 10
„Koberger-Bibel", Blatt V recto, Geburt Evas aus der Rippe Adams; Weiterverwendung aus der Kölner Bibel. *Göttingen, Staats- und Universitätsbibliothek*

Ill. 11
Neunte deutsche Bibel, sog. „Koberger-Bibel", Nürnberg 1483 (GW 4303), Beginn des Evangeliums nach Lukas. *Göttingen, Staats- und Universitätsbibliothek*

Ill. 12
Handschriftliche Historienbibel aus der Werkstatt Diebold Laubers, Hagenau um 1437–1442. *Kopenhagen, Det Kongelige Bibliotek*

(der Schlussschrift) hervorgehoben: „Disz durchleuchtigost werck der ganczen häyligen geschrifft genanndt die bibel für all ander vorgedrucket teutsch biblen lauterer klarer vnnd warer, nach rechter gemeinen teutsch dann vorgetrucket, hat hie ein ende". Der ganze Reichtum der erzählenden Initialen wird an dem Beispiel des Markus-Evangeliums deutlich (vgl. Abb. S. 8 rechts): Die Initiale „A" zeigt links den Evangelisten Markus mit seinem Symboltier, dem Löwen, der gleichzeitig die Botschaft von der Auferstehung versinnbildlicht. Zu dem zentralen Ereignis der Auferstehung Jesu (Mk 16; im Hintergrund eine der das Grab aufsuchenden Frauen) führt die alttestamentliche Szene im Vordergrund: Simson mit den Toren der Stadt Gaza in Kanaan. Der Richter Simson hat von Gott große Kraft verliehen bekommen, und so können ihn weder Feinde aufhalten noch starke Stadttore (Ri 16).

Von dieser Art von illustrativem Buchschmuck hin zu erzählenden Holzschnitten, die die Christen nicht nur erbauen, sondern auch zur Bibellektüre anregen und das Verständnis erleichtern sollten, führen zwei niederdeutsche bzw. niederrheinische Bibeln, die um 1478/79 von Bartholomäus von Unkel (gest. um 1484) und Heinrich Quentell (um 1440–1501) im Auftrag eines Verlegerkonsortiums der Herren Johann Helmann und Arnold Salmonster aus Köln und von Anton Koberger (um 1440/45–1513) aus Nürnberg gedruckt wurden. Die niederdeutsche Ausgabe (GW 4307) besitzt 113 Abbildungen, die niederrheinische 123 (GW 4308; Abb. S. 10). Die Holzschnitte, vor allem die „Autorenbilder", wurden von Zainers Ausgabe beeinflusst, schlossen sich aber auch an Miniaturen aus Bibelhandschriften und Historienbibeln des kölnisch-niederländischen Raums an. Der deutlich narrative Charakter der Illustrationen und ein ausführliches Vorwort, das jeden Christen zur Bibellektüre ermuntert, zeigen die neue Intention der *Devotio moderna*, auch dem Laien das Wort Gottes nahezubringen. Die Herausgeber waren daher wohl die Brüder vom Gemeinsamen Leben und Kölner Kartäuser, die sich in der Vorrede auf die überlieferten Bilddarstellungen in Klöstern und Kirchen beriefen, die ebenso der Unterrichtung der Gläubigen dienten. Die Übertragung aus dem Lateinischen in die beiden niederdeutschen Dialekte, die im Bistum Köln gesprochen wurden, bezeugt auch die Aktualität dieses Vorhabens. Die beherrschenden, zweispaltigen Holzschnitte prägen das Bild dieser Bibeln, die zusätzlich durch kunstvolle Randleisten geziert wurden. Das aus der Buchmalerei der Handschriften übernommene Bildmotiv der Erschaffung Evas aus der Rippe Adams wurde im Holzschnitt höchst populär und in zahlreichen anderen Bibeln (vgl. die Miniatur aus der italienischen Malermi-Bibel, Abb. S. 11), aber auch in den zeitgenössischen Enzyklopädien (man vergleiche etwa die *Weltchronik* von Hartmann Schedel aus dem Jahre 1493) weit verbreitet. Das Schöpfungsbild zeigt Gottvater im Kreis der Erzengel vor dem erschaffenen Firmament, dem Wasser, der Luft, den Tieren und Pflanzen innerhalb einer Mittelgebirgslandschaft. Die vier Randleisten wurden mehrfach wieder verwendet, unter anderem auf der Eingangsseite (Abb. S. 10) und auf der ersten Seite der Geheimen Offenbarung.

Noch weitere Verbreitung fanden diese Holzschnitte durch den Mitgesellschafter der Kölner Bibel, den Nürnberger Großverleger Anton Koberger. Er hatte die Holzstöcke in Köln erworben und 109 davon in seiner Bibel aus dem Jahr 1483 eindrucken und teilweise direkt in der Werkstatt kolorieren lassen (vgl. die Erschaffung Evas bei Koberger, Abb. S. 12 links). Der Text beruht wiederum auf Zainers Ausgabe, wurde aber nach der *Vulgata* verbessert. Auf diesen Umstand weist Koberger im Kolophon (Blatt 586 verso) ausdrücklich hin: „Gegen den lateynischen text gerechtfertigt [...] und mit schönen figuren". Koberger verfügte über weitreichende Geschäftsbeziehungen in Europa und hat offensichtlich eine sehr hohe Auflage gedruckt: Von seiner neunten deutschen Bibel befinden sich heute noch über 150 Exemplare in den Bibliotheken. Als Schrift verwendet er nun eine ausgeprägte Druckbastarda, die noch Berührungen zur oberrheinischen Buchkursive besitzt, aber auch deutliche Vorformen einer in Nürnberg entstehenden Fraktur aufzeigt. Damit unterscheidet sich das Schriftbild schon deutlich von gleichzeitigen lateinischsprachigen Texten, die durchweg in Antiqua gesetzt wurden. Auch er druckte bereits die Kolumnentitel und Kapitelüberschriften, ließ allerdings noch Platz für die Initialen frei, wie zum Beispiel zu Beginn des Lukas-Evangeliums. Im Band aus der Göttinger Staats- und Universitätsbibliothek wurde dieser freie Platz jeweils reich und mit unterschiedlichen Techniken ausgemalt (Abb. S. 12 Mitte): Der Holzschnitt zeigt den Evangelisten mit dem Symboltier, dem Stier, und drei Szenen aus der Kindheitsgeschichte Jesu: die Geburt in Bethlehem (Lk 2,1–7), die Heiligen Drei Könige (Mt 2,1–12) und die Darstellung im Tempel (Lk 2,21–40).

Der aus der Kölner Bibel übernommene Holzschnitt der Schöpfungsgeschichte (Abb. S. 12 links) wurde mit Blattgold grundiert und mit leuchtenden Farben, bei denen blaue, grüne und gelbe Töne dominieren, ausgemalt. Das Bild mit der Szene der Geburt Evas aus der Rippe Adams

Ill. 10

Ill. 11

Ill. 12

enthält eine Fülle ikonografischer Details: Aus dem Mund von Gottvater, der im Zenit von vier konzentrischen Kreisen in der oberen Bildhälfte sitzt, strömt die Schöpfung. Im äußeren Kreis sitzen die himmlischen Heerscharen, die zu Gottvater aufschauen und ihn anbeten. Darunter ist der Kreis des Firmaments mit Sonne, Mond und Sternen; das Meer mit seinen Wassertieren umschließt den inneren Kreis der Erde mit den Tieren des Waldes, des Feldes und der Luft, mit den Blumen und Bergen. Darin formt Gottvater die Frau aus der Rippe des Mannes. Über Evas Haupt sehen wir das Symboltier Einhorn, das die Reinheit und Sündelosigkeit der gerade erschaffenen Kreatur anzeigt. An den vier Enden des Himmels sind die vier personifizierten Winde Boreas, Eurus, Notos und Zephyr zu sehen.

Augsburg war in der Frühdruckzeit die Stadt des deutschsprachigen Buchdrucks, nur etwa 15 Prozent der Bücher wurden – im Gegensatz zu allen anderen deutschen Druckerstädten – in lateinischer Sprache gedruckt. Während von 1468 bis 1555 keine einzige lateinische Bibel in Augsburg herausgegeben wurde, lag der Anteil der deutschsprachigen Gesamt- und Teilausgaben der Bibel bei etwa 16 Prozent der gesamten Buchproduktion. 1487 und 1490 erscheinen hier die elfte und die zwölfte deutsche Bibel mit reicher Holzschnittillustration in der Werkstatt von Johannes Schönsperger dem Älteren (um 1455–1521). Schönsperger war der Stiefsohn einer der führenden Buchunternehmer in Augsburg, Johann Bämlers (um 1430–1503) und beherrschte in den nachfolgenden Jahrzehnten zusammen mit Anton Sorg den Buchmarkt für die deutschsprachige Literatur in Augsburg. 1508 wurde er von Kaiser Maximilian I. zum Hofbuchdrucker mit einem festen Jahresgehalt ernannt. Über 250 Drucke aus seiner Offizin sind heute noch bekannt, darunter ausgesprochen viele Nachdrucke von „Bestsellern" aus Nürnberg oder Straßburg. In einer Zeit ohne Urheberrecht und Nachdruckprivilegien war dieses Verhalten formal nicht zu beanstanden. Seine Nachdrucke werden in der Forschungsliteratur oft übertrieben als „Volksausgaben" bezeichnet. Festzuhalten ist allerdings, dass er zumeist kleinformatigere Ausgaben mit einfacheren, schwarz-weißen Holzschnittkopien anfertigte. Bekannt sind unter anderem seine drei Nachdrucke der *Weltchronik* des Nürnberger Stadtarztes Hartmann Schedel, die in einer lateinischen und deutschen Ausgabe 1493 mit 1806 Illustrationen bei Anton Koberger erschienen war. 1496, 1497 und 1499 gab Schönsperger jeweils einen verkleinerten, aber vollständigen Nachdruck in Augsburg heraus, der offensichtlich rasch ausverkauft war.

1487 und 1490 übernahm Schönsperger Text und Illustrationen aus der neunten deutschen Bibel von Anton Koberger (und damit die Holzschnittillustrationen aus der Kölner Bibel). Wie gewohnt verkleinerte er das von Koberger verwendete Format von 27 x 39 cm auf 19,5 x 28 cm, in der zweiten Auflage von 1490 auf etwa 18 x 25 cm. In dieser zweiten Auflage waren daher die für den größeren Satzspiegel gefertigten Holzschnitte zu groß, und so schnitt er die äußeren Umrandungslinien ab. Trotzdem ragen die Holzschnitte (vgl. Abb. S. 14, 15) noch erkennbar über den Satzspiegel hinaus. Schönsperger hatte sich auf einen – in der Relation der Zeit – Massenmarkt eingestellt und daher preiswertere, verkleinerte Ausgaben hergestellt, die zu einem großen Teil bereits in seiner Werkstatt mit Schablonen koloriert wurden. Hierbei wurde die Farbe häufig lieblos über die Konturen gemalt. Im Unterschied zu dem perfekten Satz Zainers mit seiner gelungenen Gotico-Antiqua experimentierte Schönsperger mit zwei gebrochenen Schriften, Vorläufern der Schwabacher. Der Meister der Schönsperger-Bibel schnitt die Holzstöcke aus der Kölner Bibel nach der Vorlage Kobergers weitgehend getreu nach, vereinfachte aber und wählte eine gröbere Strichführung, die von vornherein für eine Schablonen-Kolorierung vorgesehen war. Auf einigen Holzstöcken signiert er mit HB (bisher kann dieses Monogramm nicht eindeutig aufgelöst werden).

Diese geläufigste Bildtradition der deutschen Bibeln vor Luther (Köln – Nürnberg – Augsburg) wird nachfolgend an einigen Beispielen mit den Schnitten des Meisters MS der vorliegenden Ausgabe von 1534 verglichen. In der Schönsperger-Bibel von 1490 wird die Opferung Isaaks (1 Mos 22) auf Blatt XXIIJ verso in einem mehrszenigen Holzschnitt dargestellt (Abb. S. 14 links). Sowohl der lange Weg aus der Stadt mit Abraham und Isaak wird abgebildet als auch die Errichtung des Opferaltars und die Opferung selbst, die im letzten Moment vom Engel verhindert wird. Man erkennt deutlich, dass der Holzstock mindestens 1 cm nach rechts über den Satzspiegel hinausragt, obwohl bereits die äußeren Umrahmungslinien abgeschnitten wurden. Der feingliedrige Holzschnitt des Meisters MS auf Blatt XIII recto der Luther-Bibel (vgl. Nr. 5, Abb. S. 44 oben) rückt die dramatische Situation der Opferung in den Vordergrund: der Engel fällt Abraham geradezu in den Arm. Die Mehrszenigkeit ist zwar auch hier noch gegeben, jedoch wird das Hauptgeschehen deutlicher in den Vordergrund gerückt.

Auf Blatt XXVIIIJ verso (1 Mos 28) wird das beliebte Motiv von Jakob mit der Himmelsleiter illustriert, auf der sich nur drei Engel bewe-

Ill. 13

Ill. 14

Ill. 13

Zwölfte deutsche Bibel, sog. „Schönsperger-Bibel“, Augsburg 1490, Blatt XXIIJ verso, Opferung des Isaak. *Göttingen, Staats- und Universitätsbibliothek*

Ill. 14

„Schönsperger-Bibel“, Band 1, Blatt LXII verso, Moses und der Durchzug durch das Rote Meer

Ill. 15

„Schönsperger-Bibel“, Band 2, Blatt CCCCIC recto, Der siebenköpfige Drache

Ill. 16

„Schönsperger-Bibel“, Band 2, Blatt CCCCXCVIJ verso, Die apokalyptischen Reiter

gen, vor einer ansonsten weitgehend leeren Kulisse von See, Wiese und Stadt. Die Bildtradition ist bereits aus den Handschriften übernommen, wie ein Beispiel aus der Historienbibel des Diebold Lauber um 1437 bis 1442 zeigt (Abb. S. 12 rechts). Der Meister MS schuf dagegen in der Luther-Bibel von 1534 (Blatt XVIII recto; vgl. Nr. 6, Abb. S. 44 unten) ein dynamisch bewegtes Geschehen in einer belebten Natur mit einer Fülle von Engeln: „Vnd sihe/die Engel Gottes stiegen dran auff vnd nider.“

Während beim Meister HB der Schönsperger-Bibel auf Blatt LXII verso (2 Mos 14) das Untergehen der Streitmacht des Pharaos im Meer dargestellt wird (Abb. S. 14 rechts), dominiert beim Meister MS (Blatt XLIIII recto; vgl. Nr. 11, Abb. S. 48–49) die perspektivisch übergroße Gestalt des Mose, der wie ein überlegener Feldherr mit dem Stab das tatsächlich rot (!) kolorierte Meer teilt und es wieder zusammenstürzen lässt: „vnd bedecket wagen vnd reuter/vnd alle Macht des Pharao“.

Diese höchst populären kolorierten Holzschnitte (Abb. S. 14 rechts, 15) verhalfen den beiden Auflagen Schönspergers zu hohem Ansehen und einem raschen Verkauf. Schönsperger verkaufte seine Holzstöcke dem aus Reutlingen kommenden Drucker Johann Otmar, der 1507 die dreizehnte deutsche Bibel in Augsburg herstellte. Elf Jahre später verwendete sie sein Sohn Silvan Otmar (gest. 1539) in der vierzehnten deutschen Bibel noch einmal, wobei er die Ausgabe seines Vaters seitengleich nachsetzte, nun in einer kräftigen Schwabacher. Da für das etwas größere Blattformat von 20,5 x 29,5 cm die beschnittenen Holzstöcke von Schönsperger zu schmal waren, wurden sie mit Randzierleisten ergänzt.

Neben diesen vierzehn neuhochdeutschen Bibeln sind vier niederdeutsche Bibeln bekannt, die beiden Kölner Bibeln von 1478/79 und zwei weitere Ausgaben bei Steffen Arndes (gest. 1519) 1494 in Lübeck, und bei Lorenz Stuchs, 1522 in Halberstadt (Abb. S. 19 links). Die Hansestadt Lübeck war dank ihrer umfangreichen Handelsbeziehungen zum gesamten Ostseeraum mit 30 000 Einwohnern um 1500 nach Köln und Wien die drittgrößte Stadt im Heiligen Römischen Reich deutscher Nation. So verwundert es nicht, dass hier bereits ab 1473 als zweiter Stadt nach Köln im niederdeutschen Sprachraum gedruckt wurde. Der aus Hamburg stammende Wanderdrucker Steffen Arndes ist sehr interessant, da er in Mainz den Schriftguss und den Buchdruck erlernt hatte und sich danach als „Stephano de Magonza“ bezeichnete. 1476 bis 1484 ist er als Drucker in Perugia nachweisbar, zum Teil mit einer eigenen Offizin. 1485 arbeitete er in Schleswig, ab 1486 ist er urkundlich in Lübeck nachgewiesen. Bis zu seinem Tod 1519 druckte er zahlreiche niederdeutsche Texte, oft mit reicher Holzschnitt-Illustration, darunter zahlreiche Liturgica und Andachtsbücher. Seine Bibelausgabe von 1494 folgt im Text und bei den Illustrationen der Kölner niederdeutschen Bibel. Teile seiner Druckvorlage haben sich erhalten, sodass man sehen kann, dass der Text der Ausgabe des Verlegerkonsortiums um Heinrich Quentell in Köln (um 1478/79) für den Druck noch einmal überarbeitet wurde. Auch die Abbildungen sind motivisch eng an die Kölner Vorlagen angeschlossen, doch sind sie von zwei Meistern, deren Identität wir wiederum nicht eindeutig nachweisen können, mit jeweils eigenem künstlerischem Geschick nachgeschnitten worden. Die 49 Illustrationen zu den fünf Büchern Mose ordnet die Kunstgeschichte einem Hauptmeister zu, die übrigen sind einem zweiten, offensichtlich weniger begabten Meister zuzuordnen.

Bereits die großformatige, quadratische Darstellung der Schöpfungsgeschichte (Blatt VII recto; Abb. S. 16 rechts) knüpft unmittelbar an die Darstellung der Kölner Bibel (vgl. Abb. S. 12 links) an. Diese Holzschnitte wurden allerdings nicht mehr für eine nachträgliche Kolorierung geschnitten, sondern erhielten durch Parallelschraffuren und gelungenen Feinschnitt eine räumliche Wirkung und eine plastische Personendarstellung mit der reinen Schwarz-Weiß-Abbildung. Dies lässt sich an den Beispielen vom Auszug Lots mit seiner Familie aus dem zerstörten Sodom (Blatt XIV verso; Abb. S. 16 oben links) und von Jakobs Traum der Himmelsleiter (Blatt XIX verso; Abb. S. 16 unten links) zeigen. Die durch karge Bäume gekennzeichneten Holzschnitte wurden mit einem Bilder-Rahmen umgeben, bei dem die äußere und die innere Linie an den Ecken verbunden wurden, die damit eine perspektivische Wirkung erzielten. Als Schrift wurde eine kräftige Schwabacher gewählt; Arndes stand eine große Auswahl an Holzschnitt-Initialen mit floralem Schmuck und Wappenschilden, aber auch mit einem Narrenkopf zur Verfügung.

Kurz vor Luthers Neuübersetzung des *September-Testaments* 1522 erschien am 8. Juli des Jahres in Halberstadt bei Lorenz Stuchs noch eine niederdeutsche Bibel, die zum großen Teil direkt von der Kölner und der Lübecker Bibel abstammt; einige Partien des Alten Testaments wurden selbstständig neu übersetzt. Dies hätte der Bibel im niederdeutschen Sprachraum sicherlich noch größere Verbreitung beschert, wenn nicht mit dem Erscheinen des Neuen Testaments von Martin Luther kurze Zeit danach eine völlig neue Zeitrechnung in der Bibelübersetzung begonnen hätte. 112 von 119 Holzschnitten wurden von den Holzstöcken der Kölner Bibel gedruckt, die der aus Nürnberg stammende Lorenz Stuchs offensichtlich direkt von Koberger übernommen hatte. Von ei-

Ill. 15

Ill. 16

nem Meister CD (eventuell ein Conrad Drake) stammen die weiteren sieben Holzschnitte, die zum Teil mehrfach wiederholt wurden. Seine Hand lässt sich besonders gut an dem Holzschnitt aus der Schöpfungsgeschichte mit der Erschaffung der Eva demonstrieren (Abb. S. 19 links), deren vielfach verwendeter Holzstock aus Köln beziehungsweise Nürnberg offensichtlich verbraucht war. Auch die Typografie schließt sich mit einer Schwabacher an den Nürnberger Gebrauch an.

Bibeln in den europäischen Volkssprachen

Kein anderes europäisches Land hat so viele volkssprachige Bibeln in der Inkunabelzeit hervorgebracht wie Deutschland. Im 15. Jahrhundert finden wir nur volkssprachige illustrierte Bibeln in tschechischer und in italienischer Sprache. Martinaz Tissnova (Martin von Tischnowitz) druckte in Kuttenberg (Kutna Hora, südöstlich von Prag) 1489 eine Bibel in tschechischer Sprache mit 117 Holzschnitten, recht grobe Umrisskopien nach der Kölner bzw. der Koberger-Bibel (GW 4303 und 4307).

Die Buchdruckerkunst verfeinerte ihre Technik besonders in Italien. Bereits ab 1464 druckten die deutschen Drucker Konrad Sweynheim (gest. 1477) und Arnold Pannartz (gest. 1477) im Benediktiner-Kloster Sancta Scholastica in Subiaco in den Sabinerbergen westlich von Rom mit Unterstützung der Kurie lateinische Klassiker und Kirchenväter. Sie zogen 1467 nach Rom um, wo sie einen weiteren deutschen Drucker, Ulrich Han, aus Ingolstadt antrafen. Bereits ab 1469 wurde in Venedig gedruckt, ab 1470 in Neapel und ab 1471 in Florenz und Mailand. Zwischen Deutschland und Italien fand im 15. Jahrhundert ein enger kultureller und wissenschaftlicher Austausch statt, nicht wenige Patriziersöhne aus Nürnberg oder Augsburg studierten die humanistischen Wissenschaften oder auch Medizin und Jura in Italien, und zahlreiche Handwerker, Architekten und Baumeister begaben sich auf Wanderschaft südlich der Alpen. Der rege Austausch von gelehrten Buchdruckern zwischen Deutschland und Italien in diesen Jahrzehnten fügt sich in ein kulturelles Gesamtbild der lebendigen Epoche ein. Der deutsche Erstdrucker in Venedig, Johannes von Speyer (gest. 1470), brachte dieses Wechselverhältnis in der Schlussschrift seines Buches von Ciceros *Epistolae ad familiares* 1469 auf den Nenner:

„Jeder Deutsche brachte einst aus Italien ein Buch nach Haus.
Was sie mitnahmen, zahlt heute ein Deutscher reichlich wieder aus.
Nämlich Hans von Speyer, den an Künsten keiner übertrifft.
Er bewies, wie man die Bücher besser schreibt: mit eherner Schrift."

Die Herkunft des Johannes von Speyer ist unbekannt; da 1460 in einer Mainzer Urkunde ein Zeuge „Hans von Spyre" auftaucht, wird immer wieder vermutet, dass er noch zu Gutenbergs Zeiten in Mainz das Setzer- und Druckerhandwerk erlernt hat. Johannes von Speyer erhielt 1469 vom Rat der Stadt Venedig für fünf Jahre das Druckmonopol zugesprochen. Er verstarb aber bereits 1470 und sein Bruder Wendelin von Speyer führte die Druckwerkstatt fort. Wie auch in den anderen italienischen Städten wurden hauptsächlich die klassischen, lateinischen Schriftsteller und juristische Werke gedruckt. Von besonderer Bedeutung ist die von Speyer 1471 auf Pergament gedruckte erste Bibel in italienischer Sprache, die von dem Kamaldulenserabt Niccolò Malermi (1422–1481) übersetzt worden war. Der reich verzierte Anfang des Buches Genesis (vgl. Abb. S. 11) entspricht der Tradition norditalienischer Miniaturmalerei: Das goldgrundierte Rankenwerk mit kräftigen Rot-, Blau- und Grüntönen, auf dem sich zahlreiche Putti tummeln, umzieht den Text, die Bildinitiale mit Gottvater und den Titelholzschnitt mit verschiedenen Szenen der Schöpfungsgeschichte, von der Erschaffung Adams bis zum Sündenfall und der Vertreibung aus dem Paradies. Die klare, kräftige Antiqua-Type ist für die italienischen, besonders für die venezianischen Drucke dieser frühen Jahre kennzeichnend. Die deutschsprachigen Drucke wurden dagegen weiterhin in einer gebrochenen Schrift gesetzt und gedruckt. Die Bibel von Malermi wurde mehrfach nachgedruckt, zum Beispiel im Jahr 1490 von Giovanni Ragazzo für Luc Antonio Giunta mit 387 Holzschnitten mit feinen Umrisslinien (GW 4317), die zum Teil Nachahmungen der Kölner Bibel waren. 1493 erschien eine weitere Malermi-Bibel mit 330 verkleinerten Holzschnitten. Sie dienten wiederum Abbildungen in lateinischen *Vulgata*-Ausgaben in Lyon als Vorbild. Bei Anton Verard erschien in Paris 1498 eine Kompilation *Bibel historiale* mit 386 Holzschnitten, die auf die venezianische Ausgabe von 1493 zurückzuführen ist.

Die Buchdruckerkunst in Frankreich nahm ihren Ausgangspunkt an der Sorbonne (Paris) im Jahre 1470. Der Prior der Universität, Johann Heynlin de Lapide (1435–1496), und der Rektor und Universitätsbibliothekar Guillaume Fichet (1433–1480) beauftragten die Druckergesellen Ulrich Gering aus Konstanz, Michael Friburger aus Colmar und Martin Cranz aus Straßburg mit dem Druck von klassischen und humanistischen Schriften. 1473 machten sich die drei Drucker in der Rue Saint-Jacques selbstständig und gaben die geläufige theologische Literatur heraus, so auch eine lateinische *Vulgata* von 1476 (GW 4225). Auf Pa-

Ill. 17, 18

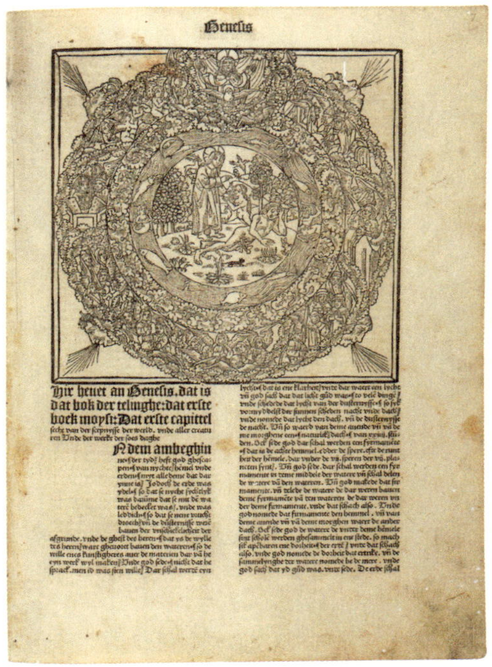

Ill. 19

Ill. 17
„Biblia niederdeutsch“, sog. „Lübecker Bibel“, Lübeck 1494, Blatt XIV verso, Lot vor dem zerstörten Sodom. *Göttingen, Staats- und Universitätsbibliothek*

Ill. 18
„Lübecker Bibel“, Blatt XIV verso, Jakob mit der Himmelsleiter

Ill. 19
„Lübecker Bibel“, Blatt VII recto, Schöpfungsgeschichte

ris folgte 1473 Lyon als weitere bedeutende französische Frühdruck-Stadt. Auch dort standen mehrere Editionen der *Vulgata* im Mittelpunkt. Durch die Dominanz des akademischen Druckwesens und durch die anders geartete Stellung der Kirche in Frankreich wurden zunächst keine Übersetzungen in der Volkssprache gedruckt.

In England entwickelte sich die Buchdruckerkunst wiederum in anderen Bahnen. Der Londoner Erstdrucker William Caxton (1422–1491) war ein gebildeter Tuchkaufmann, der 30 Jahre seines Lebens an den wichtigsten Handelsplätzen in Europa, meist in Brügge, tätig gewesen war, auch als Leiter der „Merchant Adventures“, der Auslandsorganisation der englischen Kaufleute. 1471/72 hielt er sich zu Geschäften in Köln auf, wo er in der Werkstatt des Schriftgießers und Druckers Johann Veldener aus Utrecht die Buchdruckerkunst erlernte. In Westminster bei London eröffnete er 1476 die erste Druckerei in England, in der er zunächst Ablassbriefe druckte und danach zwei bedeutende Werke, Geoffrey Chaucer's *Canterbury Tales*, und danach 1477 *The Dicts or Sayings of the Philosophers* in der Übersetzung des second Earl Revers, eine Anthologie der zentralen Zitate antiker und mittelalterlicher Philosophen. Obwohl ein Großteil der von Caxton gedruckten Bücher, nämlich 74 von 90, in englischer Sprache erschienen sind, war keine Bibelausgabe darunter, sondern Übersetzungen der lateinischen Klassiker, Enzyklopädien oder Ritterromane.

Die erste englische Bibelübersetzung von William Tyndale (1490–1536) wurde in Antwerpen, Köln, Mainz und Worms gedruckt und nach England eingeschmuggelt. Der Theologe Tyndale besuchte 1524 Luther in Wittenberg und hielt sich ab 1529 in den Niederlanden auf. In enger Anlehnung an Luthers deutschsprachige Bibel übersetzte er von 1525 bis 1534 zunächst das Neue und teilweise das Alte Testament. Von der Inquisition festgenommen und hingerichtet, konnte er seine Übersetzungsarbeit nicht vollenden.

1525 erschien in Köln *The New Testament translated into English with marginal notes by William Tyndale assisted by William Roye*, eine zweite Ausgabe in Worms 1526. Der Pentateuch erschien 1530 in Antwerpen: *The fyrst boke of Moses called Genesis ..., translated by William Tyndale*, 1534 eine neue Ausgabe des Neuen Testaments: *The Newe Testament, dylygently corrected and compared with the Greke by Willyam Tindale*. Die Übersetzung Tyndales hat für die englische Sprache und für die Geschichte der Theologie auf der Insel eine ähnliche Bedeutung wie die Übersetzung Luthers. Viele seiner Phrasen sind stilbildend geworden und werden bis in die Gegenwart zitiert, wie ein Beispiel aus der Bergpredigt belegt: „Ask and I shall be given you: Seek and ye shall find: Knock, and it shall be opened unto you“ (Mt 7,7–8).

Als Grundlage für seine philologische Arbeit hatte Tyndale eine hebräische Ausgabe einer *Biblia Polyglotta Complutensia* verwendet, die 1514 bis 1517 in Alcalà de Henares in Spanien gedruckt worden war, die aber wegen eines Einspruchs von Rom erst 1522 ausgeliefert werden konnte. Diese Bibel des Kardinals Ximenes de Cisneros erschien hebräisch-griechisch-lateinisch im Alten Testament und im Neuen Testament griechisch-lateinisch. Ihr hebräischer Teil ist mehrfach einzeln nachgedruckt worden und bildete einen wichtigen Ausgangspunkt für künftige Bibelübersetzungen. Wäre diese Polyglotte pünktlich erschienen, hätte die Ausgabe des griechisch-lateinischen Neuen Testaments von Erasmus von Rotterdam (1466/69–1536) bei Johannes Froben in Basel vom Februar 1516 nicht diese große Bedeutung für die Theologie und die Philologie erhalten. Erasmus hat damit ein Meisterstück der Philologie vorgelegt, da er sowohl den griechischen Text kritisch neu edierte als auch eine völlig eigenständige lateinische Übersetzung – quasi in Konkurrenz zur gängigen *Vulgata* – lieferte. Da die Kenntnis des Griechischen auch unter Theologen nicht sehr verbreitet war, hatten sowohl seine lateinische Übersetzung als auch seine reichen Einleitungen und Kommentare, die *Annotationes*, sehr großen Einfluss auf die Bibelphilologie. In 1200 Exemplaren wurde diese Ausgabe zur Ostermesse 1516 in Frankfurt angeboten (Abb. S. 19 rechts). Da sie in der Schlussphase etwas eilig gesetzt und gedruckt wurde, enthielt sie eine Reihe von Flüchtigkeitsfehlern. Erasmus nutzte die Chance zu einer völligen Neubearbeitung, die 1519 bei Froben erschien und zu einer entscheidenden Grundlage für Martin Luthers Übersetzung wurde, da sie ihm gute Vergleichsmöglichkeiten mit dem griechischen Urtext bot. Aber auch die Randbemerkungen und die Einleitungen übernahm Luther in vielfältiger Art und Weise von Erasmus. Erasmus hatte nämlich nicht nur synoptische Vergleiche mit anderen Bibelstellen erarbeitet, sondern auch vielfältige Belege der Kirchenväter. An nicht wenigen Stellen äußerte er gravierende Kritik an der bisherigen Auslegung und machte zahlreiche Reformvorschläge mit Verweisen auf die Zustände in der Urkirche. So gibt er zahlreiche kritische Bemerkungen über eine notwendige Verbesserung der Predigt, über die Ausbildung der Geistlichen oder zur Lebensführung der Priester. Seine Vorreden wurden mehrfach übersetzt und bis 1525 mindestens 12-mal in deutscher Übersetzung gedruckt. Auch aus den *Annotationes* wurden einzelne Teile

Ill. 20

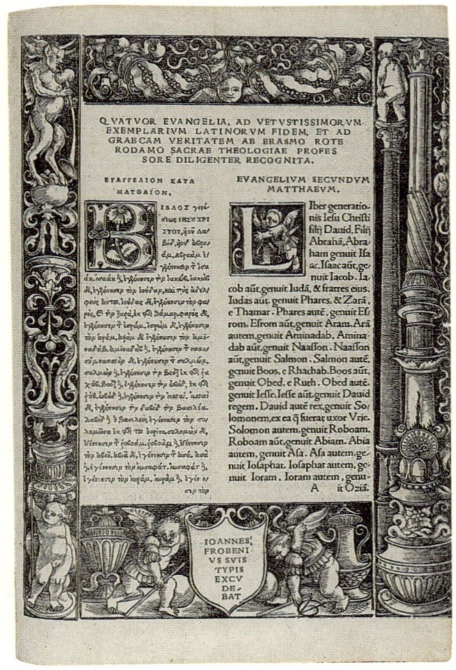

Ill. 21

gesondert publiziert, heute lassen sich noch mindestens 35 Flugschriften mit diesem Text nachweisen. Das Publikumsinteresse an den übersetzten Texten des Erasmus war so groß, dass man ihn zwischen 1520 und 1525 als den meist gelesenen Autor der frühen Reformation nach Luther bezeichnen kann.

Luthers Weg zum Reformator

„Ich bin ein Bauernsohn; der Urgroßvater, mein Großvater, der Vater sind richtige Bauern gewesen. Ich hätte eigentlich, wie Philipp Melanchthon sagte, ein Vorsteher, ein Schultheiß und was sie sonst im Dorf haben, irgend ein oberster Knecht über die anderen werden müssen. Danach ist mein Vater nach Mansfeld gezogen und dort ein Bergbauer geworden. Dorther bin ich“ (*Tischreden*, Nr. 6250). Luthers autobiografische Skizze führt in das Zentrum des aufstrebenden thüringischen Kupferbergbaus und zeigt den sozialen Wandel seiner Familie. Ein Jahr nach seiner Geburt am 10. November 1483 in Eisleben, siedeln seine Eltern Hans und Margarethe Luder nach Mansfeld um, wo der Vater als Bergmann (= Häuer) im Lohnverhältnis Arbeit fand. Mit dem beruflichen Wechsel war auch der wirtschaftliche und soziale Aufstieg der Familie verknüpft; 1491 wurde der Vater Hüttenmeister und kam als Betreiber einer Kupferschmelzhütte in das Gremium der Mansfelder „Vierherren“, die die Rechte der Bürger gegenüber dem städtischen Magistrat vertraten.

Der Sohn Martin konnte zunächst die Lateinschule in Mansfeld, 1496 die Domschule in Magdeburg und ab 1498 die Pfarrschule St. Georg in Eisenach besuchen. Im Sommersemester 1501 immatrikulierte er sich an der Artistenfakultät der Universität Erfurt, wurde bereits am 29. September 1502 zum Baccalaureus artium promoviert und erlangte im Januar 1505 den Magistergrad. Im anschließenden ersten Semester seines Jurastudiums in Erfurt änderte er radikal seinen Lebensweg und trat 1505 – in Erfüllung eines Gelübdes bei tödlicher Blitzgefahr – in das Erfurter Augustiner-Eremitenkloster ein. Nach der Priesterweihe am 3. April 1507 nahm er auf Weisung des Ordens ein Theologiestudium an der Universität Erfurt auf, das ihn mit der aristotelischen Philosophie und der nominalistischen Schulphilosophie und -theologie Wilhelm von Okkhams (1285–1349) und des Tübinger Professors Gabriel Biel (um 1410–1495) vertraut machte, gegen deren Offenbarungslehre, deren scharfe Trennung von Vernunft und Glaube und deren Auffassung vom Vermögen des natürlichen Menschen er später vehement Stellung bezog.

Im Oktober 1508 versetzte ihn der Generalvikar des Augustiner-Eremitenordens, Johannes von Staupitz (um 1469–1524), in das Wittenberger Kloster und übertrug ihm kurzfristig ein Lektorat für Philosophie an der dortigen Universität; im folgenden Jahr hielt Luther in Erfurt Vorlesungen über Petrus Lombardus (um 1095–1160). 1510/11 reiste er mit einem Ordensbruder im Auftrag oppositioneller Ordenskonvente nach Rom, um Streitigkeiten zwischen verschiedenen Richtungen innerhalb des Ordens zu klären. Seine später zum „Romerlebnis“ stilisierten Erfahrungen vom Zustand der römischen Kirche unter Papst Julius II. (reg. 1503–1513), der für den Bau der Peterskirche im Jahre 1506 einen vollkommenen Ablass ausgeschrieben hatte, gegen den sich zahlreiche Länder und zunächst auch die deutschen Landesherren aussprachen, legten den Grundstein zu seiner Kritik an der veräußerlichten Macht des Papsttums.

Im Oktober 1512 wurde Luther unter dem Vorsitz von Andreas Bodenstein von Karlstadt (um 1477–1541) zum Doktor der Theologie promoviert und übernahm den Lehrstuhl für Bibelexegese (*lectura in biblia*) seines geistlichen Lehrers Johannes Staupitz. Staupitz hatte Luther im Geiste Augustinus' und der spätmittelalterlichen *devotio moderna* geformt. Als Professor für Bibelauslegung konzentrierte sich Luther in den Folgejahren auf die Deutung der Psalmen (1513–1515) und des Römerbriefes (1515/16). Die paulinische Lehre von Sünde und Gnade stand im Mittelpunkt seiner genauen, streng auf das Wort der Schrift ausgerichteten Untersuchung. Beide Texte ließ er für seine Vorlesung nach der *Vulgata* mit weitem Zeilenabstand und breitem Rand neu drucken, damit die Zuhörer die Erläuterungen eintragen konnten; Luthers eigenes Exemplar des Psalters mit seinen handschriftlichen Anmerkungen wird in der Herzog August Bibliothek in Wolfenbüttel aufbewahrt.

Luthers theologischer Neuansatz zeigt sich vor allem in seiner Bewertung der Gerechtigkeit Gottes und der Rechtfertigung des Menschen. Er lehrt, dass Gottes Gerechtigkeit keine richtende, sondern eine schenkende Gerechtigkeit ist, die allein vom Glaubenden empfangen werden kann; er richtet sich damit nicht nur gegen die scholastische Theologie, sondern auch gegen die Frömmigkeitspraxis der Zeit. Seine erste deutschsprachige Schrift handelt folgerichtig von den *Sieben Bußpsalmen* (1517; Abb. S. 21 links), in der er den Buß- und Gerichtsernst in den Vordergrund rückt und den Angriff auf die „Werkgerechtigkeit“ der scholastischen Theologie vorformuliert. Zugespitzt wird diese Argumentation in seiner *Disputatio contra scholasticam theologiam* vom Septem-

Ill. 20
„Biblia niederdeutsch", sog. „Halberstädter Bibel", Halberstadt 1522. Nachschnitt der Kölner/Nürnberger Bibelausgaben. Die Geburt Evas vom Meister CD. *Göttingen, Staats- und Universitätsbibliothek*

Ill. 21
Erasmus von Rotterdam: *Novum Instrumentum Graece*, Basel 1516. *Göttingen, Staats- und Universitätsbibliothek*

Ill. 22
Martin Luther: *Von der Babylonischen gefengknuß der Kirchen*. Straßburg 1520. *Göttingen, Staats- und Universitätsbibliothek*

Ill. 22

ber 1517; in ihr wendet er sich gegen die zeittypische Verharmlosung der Sünde und die These, jeder „natürliche" Mensch könne aus eigener Kraft zu Gott finden. Er spricht dagegen von der radikalen Sündhaftigkeit des Menschen und der Notwendigkeit der Gnade für das Heil. Von dieser Position aus war es dann nur noch ein kleiner Schritt, die Ablasspraxis der Kirche vehement anzugreifen, da sie die Menschen in einer unzulässigen, käuflichen Heilssicherheit wiege; die Menschen müssten sich vor dem Gericht Gottes beugen, nur so könnten sie seiner Gnade teilhaft werden. In den bekannten 95 Thesen, die Luther am 31. Oktober 1517 an den für die Ablasspredigt zuständigen Mainzer Erzbischof Albrecht von Brandenburg sandte und die als Beginn der Reformation gelten, beklagt er die falsche, verderbliche Sicherheit, die der Ablass vorgaukelt (Thesen 31, 49, 52), Werke der Liebe und des Gebetes seien dagegen ungleich höher zu bewerten (Thesen 41 u. 74).

Im Brief an Erzbischof Albrecht verwendete er zum ersten Mal die heute geläufige Schreibung seines Nachnamens „Luther"; bis dahin hatte er seinen Familiennamen Luder geführt. Da er parallel dazu zwischen 1517 und 1519 auch den griechisch-lateinischen Namen „Eleutherius" („der Freie") gebrauchte, konnten Bernd Moeller und Karl Stackmann nachweisen, dass er sich zu diesem Zeitpunkt bewusst und programmatisch „Luther" nannte. Er verband diese Namensform etymologisch mit „Eleutherius" und übertrug damit die Idee der christlichen Freiheit auf die eigene Person. Belegbar ist dies durch einen weiteren Brief vom 11. November 1517 an seinen Erfurter Freund Johann Lang, den er mit *F(rater) Martinus Eleutherius, imo dulos et captivus nimis, Augustinianus Wittenbergensis* unterzeichnete, was sinngemäß mit „Bruder Martin, der [durch Gott] Freie, oder vielmehr ganz Knecht und Gefangener [Gottes], Augustiner in Wittenberg" übersetzt werden kann und damit den Grundgedanken seines Freiheitstraktates vom Jahre 1520 *Von der Freyheyt eyniß Christenmenschen* (Abb. S. 21 rechts) vorwegnimmt: „Ein Christenmensch ist ein freier Herr über alle Dinge und niemand untertan. Ein Christenmensch ist ein dienstbarer Knecht aller Dinge und jedermann untertan." Der scheinbare Widerspruch, der in Anlehnung an Paulus (1 Kor 9,19) formuliert wurde, löst sich, wenn man die „zweierlei Naturen" jedes Menschen mitbedenkt. Der „innere Mensch" braucht keine weltlichen, äußerlichen Dinge: „allein das Evangelium, das Wort Gottes", „allein der Glaube macht fromm, frei und selig". Der „äußere", leibliche Mensch muss jedoch gute Werke tun, allerdings nicht um dadurch „vor Gott fromm zu werden ..., sondern nur in der Absicht, daß der Leib gehorsam werde". Der Freiheitsbegriff, zu dem sich Luther durch seinen Namenswechsel bereits 1517 bekennt, signalisiert daher, dass er sich selbst des eigenen Neuanfangs seiner theologischen Argumentation bewusst war.

Die 95 (lateinisch verfassten) Thesen hatten sich rasch, gegen die ursprüngliche Absicht Luthers, verbreitet; um sie für weitere Kreise verständlich zu formulieren, gab er im März 1518 den *Sermon von Ablaß und Gnade* heraus, der auf so großes Interesse stieß, dass er in zwei Jahren 25-mal nachgedruckt werden musste. Wahre Christen, die Reue über ihre Sünden empfänden, würden die „Werke der Genugtuung" selbstverständlich leisten; der Ablass dagegen schaffe nur „faule und unvollkommene Christen", führte Luther in eingängiger Sprache aus. Diejenigen, die ihn wegen dieser Thesen einen Ketzer schelten würden, seien „finstere Gehirne, die nie in der Bibel gerochen, die christlichen Lehrer nie gelesen, ihre eigenen Lehrer nie verstanden, sondern in ihren durchlöcherten und zerrissenen Schulmeinungen beinahe verwesen ...".

Nur zwei Monate darauf wurde in Rom der Prozess gegen Luther begonnen; am Rande des Augsburger Reichstages verhörte ihn auf Anordnung von Papst Leo X. (reg. 1513–1521) Kardinal Cajetan (1469–1534), Luther verweigerte aber den Widerruf; im Dezember lehnte sein Landesherr, Kurfürst Friedrich der Weise, den Antrag Cajetans ab, Luther an Rom auszuliefern oder des Landes zu verweisen. Die sich überstürzenden Gespräche, Vorträge und Predigten fanden 1519 ihren Höhepunkt in der „Leipziger Disputation" zwischen dem Ingolstädter Theologieprofessor Johann Eck, Andreas Karlstadt und Luther. Luther führte die Rechtfertigungslehre so weit, dass er jede Autorität der Kirche außerhalb der Heiligen Schrift verwarf, dem kirchlichen Amt lediglich funktionale Bedeutung zuerkannte und folgerte, dass auch Konzilien irren könnten. Zum Widerruf aller seiner Thesen innerhalb von 60 Tagen forderte ihn Papst Leo X. mit der Bannandrohungsbulle *Exsurge, Domine* vom 15. Juni 1520 (Abb. S. 22 links) auf, während Luther seine reformatorischen „Hauptschriften" verbreitete: *An den Christlichen Adel teutscher Nation von des Christlichen Standes Besserung, Von den Babylonischen gefengknuß der Kirchen* (Abb. oben) und *Von der Freyheyt eyniß Christenmenschen* (Abb. S. 21 rechts). Allein von diesem Traktat erschienen in knapp zwei Jahren 36 Ausgaben in deutscher, niederländischer, englischer, spanischer, tschechischer und lateinischer Sprache.

Diese und weitere seiner Schriften ließ der päpstliche Nuntius Girolamo Aleandro (1480–1542) in Köln und Mainz verbrennen; Luther

Ill. 23

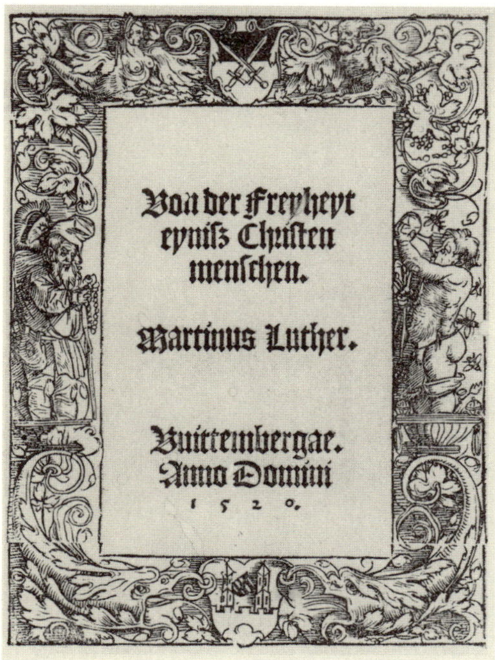

Ill. 24

Ill. 23
Martin Luther: *Die Sieben Bußpsalmen.* Leipzig 1519. Die erste deutschsprachige Schrift Luthers im Druck. *Göttingen, Staats- und Universitätsbibliothek*

Ill. 24
Martin Luther: *Von der Freyheyt eyniß Christenmenschen.* Wittenberg 1520. *Göttingen, Staats- und Universitätsbibliothek*

wiederum verbrannte am 10. Dezember in Wittenberg die Bannandrohungsbulle und ein Exemplar des Kanonischen Rechts. Am 3. Januar 1521 sprach Papst Leo X. in der Bulle *Decet Romanum pontificem* den Bann gegen Luther aus. Im April 1521 musste sich Luther vor Kaiser Karl V. (1500–1558) und dem Wormser Reichstag verantworten. Seine Fahrt dorthin glich an vielen Orten einem Triumphzug; im Wormser Edikt jedoch wurde die Reichsacht über Luther ausgesprochen und der Druck und die Verbreitung seiner Schriften verboten. Luther konnte sich unter dem Schutz von Kurfürst Friedrich von Sachsen als „Junker Jörg" von Mai 1521 bis März 1522 auf der Wartburg verstecken; dort entstanden zahlreiche Predigten und Schriften, darunter das *Magnificat verdeutscht und ausgelegt* (Lk 1,46–55) sowie vom Dezember 1521 bis Februar 1522 in nur elf Wochen die Übersetzung des Neuen Testaments aus dem Griechischen.

Luther als Übersetzer

Wenn auch die erzwungene Verbannung auf die Wartburg und, nach Luthers eigenem Bekunden, eine dringliche Bitte Philipp Melanchthons (1497–1560) den Anlass für die Übersetzung boten, liegen die Ursachen jedoch tiefer. Luthers offenes und deutliches Bekenntnis zur Heiligen Schrift als der höchsten Autorität in Glaubensfragen und sein beharrliches Argumentieren mit der Bibel hatten ein großes Bedürfnis nach einer verständlichen Übertragung geweckt.

Im Zentrum seiner Bibelübersetzung stand die humanistische Hinwendung zu den Quellen, den griechischen und hebräischen Urtexten, im Unterschied zu den vorangegangenen Übersetzungen, die sich allein an der *Vulgata* orientiert hatten. Er löste sich von der sklavischen Nachahmung des lateinischen Sprachstils, indem er „nit Wort vß wort, sunder sin uß sin" übertrug, wie es Heinrich Steinhöwel (1412–1477/78) für seine Prosaübertragungen bereits im 15. Jahrhundert postuliert hatte. Im *Sendbrieff von Dolmetschen* (1530; Abb. S. 22 rechts) griff Luther die „Buchstabilisten" an: „Denn man mus nicht die buchstaben inn der lateinischen sprachen fragen/wie man sol Deutsch reden/wie diese esel thun/ sondern/man mus die mutter im hause/die kinder auff der gassen/den gemeinen man auff dem marckt drumb fragen/vnd den selbigen auff das maul sehen/wie sie reden/vnd darnach dolmetzschen/so verstehen sie es denn/vnd mercken/das man Deutsch mit jn(nen) redet."

Zum Beispiel übersetzte er *Ex abundantia cordis os loquitur* nicht wörtlich: „Aus dem Überfluß der Hertzen redet der Mund", sondern eingängig „Wes das Hertz vol ist, des gehet der Mund über", und *Ut quid perditio ista ungenti facta est* (Mk 14,4) nicht mit „Warumb ist dise Verlierung der Salben geschehen?", sondern mit „Es ist schade umb die Salbe". Die Freiheit in der Formulierung findet allerdings da ihre Grenzen, wo die Gefahr besteht, den Sinn zu verfälschen, wie er in den *Summarien über die Psalmen und Ursachen des Dolmetschens* (1533) ausführte: „Widerumb haben wir zu weilen/auch stracks den Worten nach gedolmetscht/ ob wir wohl hetten anders vnd deutlicher können geben/Darumb/das an denselben Worten etwas gelegen ist."

Wenn der Wortsinn der Vorlage nicht durch eine freie Übersetzung wiedergegeben werden kann (da in der Formulierung der Vorlage „mehr gelegen ist", das heißt ein „feinerer reicherer Sinn" enthalten ist), dann zieht er eine wörtliche Übersetzung vor. Oberste Richtschnur ist für ihn, die „Meinung" des Textes unverfälscht zu übertragen, und dies mit größter Gewissenhaftigkeit, „auff mein bestes Vermögen vnd auff mein Gewissen", wie er im *Sendbrieff* ausführt. Er geht davon aus, dass die Schrift selbst ihre beste Interpretin ist (*scriptura sui ipsius interpres*) und daher bei Übersetzungsproblemen vergleichbare Textstellen herangezogen werden müssen. Er überprüft die einzelnen Verse an der Gesamtaussage der Heiligen Schrift, zu deren Verständnis er, im hermeneutischen Zirkel verfahrend, durch Analyse aller Detailfragen gekommen war, jeweils vom Einzelnen zum Ganzen, vom Buchstaben zum Geist. Das zentrale Beispiel für das Ineinander von sprachlicher und theologischer Argumentation ist seine Übersetzung vom Römerbrief 3,28: „So halten wir es nu/ Das der Mensch gerecht werde/an [ohne] des Gesetzes Werck/alleine durch den Glauben." Auf die Vorhaltungen, dass das Wort „allein" weder in der griechischen noch in der lateinischen Vorlage zu finden sei, verteidigte sich Luther engagiert, dass nur durch die Einführung von „nur" oder „allein" ein „Hauptstück christlicher Lehre" deutlich formuliert werden könne, nämlich die zentrale Botschaft des Paulus, dass Gott nicht durch gute Werke in seinen Gnadenentscheidungen zu beeinflussen sei.

Die Einfügung modaler Partikel wie „allein, doch, eben, nur, nun, schon" usw. sind für Luthers an der gesprochenen Sprache orientiertem Stil typisch. Sie lassen neben dem Satzrhythmus, klingenden Worteinheiten, Wiederholungen und anderen Stilmitteln den Predigtcharakter seiner Übersetzung deutlich werden. Er bemühte sich, das „Evangelium sprechen zu lassen". An Klangfiguren bevorzugte er Alliterationen (den Gleichklang im Anlaut): „Der Herr ist mein Hirte", „Dein Stecken und

Ill. 25

Ill. 26

Ill. 25
Die Bannandrohungsbulle Papst Leos X.: *Bulla contra errores Martini Lutheri et sequacium*, Rom 1520. *Göttingen, Staats- und Universitätsbibliothek*

Ill. 26
Martin Luther: *Ein Sendbrieff von Dolmetschen*, Wittenberg 1530. *Göttingen, Staats- und Universitätsbibliothek*

Stab" (Ps 23); „Lasset euer Licht leuchten vor den Leuten" (Mt 5,16) und durch Reim verbundene Worte: „Rat und Tat" (Spr Sal 8,14); „singen und klingen" (Sir 39,20). Die Suche nach der optimalen Wortwahl begleitete ihn zeitlebens, und mehrfach revidierte er seine Übersetzungen: Hatte er zunächst in der Passionsgeschichte formuliert (Mk 14,33): „Und er fing an zu erzittern und zu engsten", so hieß es 1530: „... zu zittern und zu zagen". Ebenso vermied er den steifen Nominalstil: „... und sie werden euer etliche zum Tod helfen" (Lk 21,16) aus dem Jahr 1520 änderte er 1530 zu „... und sie werden euer etliche töten". Luthers Ringen um das rechte Wort trägt bis in die Gegenwartssprache Früchte: Wortneuschöpfungen wie „Denkzettel", „Feuereifer", „Herzenslust", „Morgenland" sind noch heute geläufig, ebenso seine Redewendungen „Ein Buch mit sieben Siegeln" (Offb 5,1), „seine Hände in Unschuld waschen" (Ps 26,6), „der Dorn im Auge" (4 Mos 33,55) oder „im Dunkeln tappen" (5 Mos 28,29).

Am Anfang von Luthers Bibelübersetzungen stand die Übertragung des *Neuen Testaments* auf der Wartburg. Als Quelle diente ihm die 1519 in zweiter Auflage erschienene Ausgabe des griechischen Urtextes mit lateinischer Übertragung und den *Annotationes* (Anmerkungen) von Erasmus von Rotterdam; daneben benutzte er den vertrauten *Vulgata*-Text. Eine systematische Verwendung früherer deutscher Bibeln ist nicht nachzuweisen, doch schloss er sich in seltenen Fällen an gebräuchlich gewordene, allbekannte Formulierungen an. Den Hebräer- und den Jakobus-Brief stellte er (aus inhaltlichen Überlegungen und wegen ihrer nicht-apostolischen Herkunft) zum Judasbrief und der Geheimen Offenbarung an den Schluss, um ihren, aus seiner Sicht, zweitrangigen Charakter im Vergleich zu den 24 „Hauptbüchern" deutlich zu machen. Die neue Leistung lag nicht nur in der Sprache, sondern auch in seinen interpretierenden Beigaben, in den Vorreden und den Randglossen. In der „Vorrede" grenzt er das Neue Testament deutlich vom Alten Testament ab, das „Lehre und Gesetz" sei, das Neue Testament dagegen sei „gute botschafft/gute mehre/gute newe zeytung" (gute Verkündigung, gute neue Nachricht), sei erzählte Predigt, die sich dem Glaubenden erschließe. Er erläutert die Etymologie vom griechischen Wort „eu-angelion" (bewusst in der Schreibweise der Vorsilbe „eu" = „gut", gute Botschaft, „davon man singet/saget vnd frohlich ist/gleich als do David den grossen Goliath vberwand" (*September-Testament*, Bl. 1). Die Randglossen geben sprachliche Erläuterungen, Sacherklärungen und allegorische Auslegungen, die dem Wortsinn der Schrift eine übertragene Bedeutung zuerkennen. Beim Gleichnis vom Himmelreich, das mit einem verborgenen Schatz im Acker oder einem Kaufmann, der gute Perlen sucht, verglichen wird (Mt 13,44–46), erläutert Luther den Wert der Heiligen Schrift: „Der verborgene Schatz ist das Euangelium/das vns gnade vnd gerechtigkeit gibt on [ohne] vnser verdienst/darumb wenn mans findet macht es freude/das ist/ein gut frölich Gewissen/welchs man mit keinen wercken zu wegen bringen kan." Aber auch die direkte Auseinandersetzung mit seinen Gegnern fließt in die Glossen ein, wenn er etwa bei denjenigen, die die Gesetze auflösen und nicht befolgen (Mt 5,19), auf den „Papisten hauff" verweist.

Auf die froh machende Botschaft des Neuen Testaments, die nicht durch kleinliche Gesetze eingeengt werden soll, wird auch bereits in Randglossen des Alten Testaments vor-verwiesen, so zum Beispiel im Buch Josua, Kap. 3, Blatt II verso: „Diese geschicht bedeut [...] Das Gesetz, das uns mit wercken engstet vnd treibt/höret auff durchs Euangelion/das vnser gewissen frey/frölich vnd sicher fur jm sind/vnd allein Christo im glauben folgen". Luther macht in den Randbemerkungen aber auch deutlich, dass die Umkehr zu Christus und seinem jetzt unverfälscht zugänglichen Wort nicht mit einer kleinen Korrektur in den Gewohnheiten zu haben ist, sondern nur mit einem radikalen Bruch mit der „alten Kirche" und ihren Gewohnheiten. So bemerkt er im Neuen Testament, Matthäus, Blatt VI verso: Christus spricht, „man könne alte kleider nicht mit newen [neuen] lappen flicken/denn sie halten doch den stich nicht/Das ist/man könne diese newe lere [Lehre] nicht mit altem fleischlichen hertzen begreifen ...".

Die Offenbarung des Johannes wird nur geringfügig kommentiert; die metaphorische Sprache jedoch durch 21 Illustrationen gedeutet, die im *September-Testament* aus Lucas Cranachs (1472–1553) Werkstatt stammten. Sie schließen sich eng an Albrecht Dürers (1471–1528) 14 Holzschnitte zur „Heimlichen Offenbarung" (1498–1511) an, werden jedoch in entscheidenden ikonografischen Details verändert und stärker an den Wortlaut des Textes angepasst. Sie erhalten eine scharfe antirömische Tendenz, die in der Gleichsetzung der babylonischen Hure (i. e. der Antichrist) mit dem Papst ihren polemischen Höhepunkt findet (vgl. Abb. S. 25 und Bl. CXCV verso, Nr. 123, Abb. S. 184–185).

Im März 1522 verließ Luther die Wartburg und revidierte gemeinsam mit dem Professor für Hebraistik und Gräzistik, Philipp Melanchthon, unmittelbar nach der Rückkehr in Wittenberg die Übersetzung. Nach fünfmonatiger Druckzeit in der Offizin von Melchior Lotter d. J. erschien Das *Neue Testament Deutzsch* im Verlag von Lucas Cranach und

ILL. 27

ILL. 28

ILL. 27
Das September-Testament, Wittenberg 1522. Darstellung der babylonischen Hure mit der päpstlichen dreifachen Krone, der Tiara. *Göttingen, Staats- und Universitätsbibliothek*

ILL. 28
Das Dezember-Testament, Wittenberg 1522. Auf Veranlassung von Herzog Georg von Sachsen war die Tiara der babylonischen Hure herausgeschnitten worden. *Göttingen, Staats- und Universitätsbibliothek*

Christian Döring rechtzeitig zur Leipziger Herbstmesse (29. September bis 6. Oktober 1522) im Folio- (= Groß-) Format und in einer Auflage von circa 3000 Exemplaren. Der Preis für das sogenannte *September-Testament* betrug (je nach Ausstattung, ob gebunden oder ungebunden) etwa einen Gulden, was dem Zweimonatslohn eines Schulmeisters oder dem Preis für ein Kalb entsprach. Dennoch konnten die Verleger unmittelbar nach Erscheinen mit dem Druck einer zweiten Auflage beginnen, die am 19. Dezember 1522 fertiggestellt war (sogenanntes *Dezember-Testament*); sie enthielt bereits mehrere hundert Besserungen in Wortwahl und Syntax, aber auch Ergänzungen bei den nachgewiesenen Parallelstellen in den Glossen. Im folgenden Jahr kamen in Augsburg, Basel, Grimma und Leipzig zwölf vollständige Nachdrucke des durch kein Privileg geschützten Werkes auf den Markt: 1523/24 erschienen 14 autorisierte Ausgaben und 66 Nachdrucke.

Die Sorge vor Textverfälschungen in den Nachdrucken (keinesfalls die Sorge vor entgangenem Autorenhonorar) war der Anlass, dass Luther seit 1524 den von ihm autorisierten Ausgaben Schutzmarken beigab. In der Ausgabe des *Ander teyl des alten testaments*, 1524 bei Christian Döring und Lucas Cranach in Wittenberg erschienen, hat er am Ende des Textes ein Wappenschild mit dem Lamm Gottes mit Kreuzesfahne und der „Lutherrose" aufgenommen, einem Kreuz mit rotem Herzen, eingefasst in eine Rosenblüte und der Unterschrift: „Dis zeichen sey zeuge/das solche bucher durch meine hand gangen sind/denn des falschen druckens und bucher verderbens/vleyssigen sich ytzt viel". Diese Zeichen wurden von den Nachdruckern respektiert und nicht mit nachgedruckt.

Noch während der Drucklegung des *September-Testaments* begann Luther die Übertragung des *Alten Testaments*, wiederum aus dem Urtext und der *Vulgata*. Die Arbeiten zogen sich über 12 Jahre hin, was sich durch den erheblich größeren Umfang, aber auch aus der Schwierigkeit einer Neuübersetzung aus dem Hebräischen erklärt. Nicht zuletzt spielten ökonomische Erwägungen eine Rolle, da die Einzeldrucke der Bücher des Alten Testaments, die seit 1523 auf den Markt kamen, viel preiswerter sein konnten als die erste sogenannte Vollbibel, die 1534 bei Hans Lufft (1495–1584) in Wittenberg erschien und hier faksimiliert wird.

Die bilderreiche hebräische Sprache schien Luther für eine Übertragung ins Deutsche besonders geeignet. Im Bemühen „rein und klar zu dolmetschen" erwuchsen jedoch mancherlei Schwierigkeiten; oft rang er mehrere Wochen mit seinen Mitarbeitern, besonders mit Melanchthon und dem Hebraisten Matthäus Aurogallus (M. Goldhahn, um 1490–1543), um einen geeigneten Ausdruck und übersetzte in mehreren Monaten nur wenige Zeilen. Dem Leser stand dann aber ein problemlos und flüssig zu lesender Text zur Verfügung, dem man nicht mehr ansah, was für „Wackersteine und Klötze" da im Wege gelegen hatten: „Es ist gut pflügen, wenn der Acker bereinigt ist." Neben der Übersetzungsprämisse „Sinn zu Sinn" bemühte sich Luther auch, die Stileigentümlichkeiten der jeweiligen Vorlagen deutlich werden zu lassen, etwa wenn er die Psalmen ohne Kenntnis der hebräischen Metrik in angemessenen freien Rhythmen und mit kunstvollen Klangfiguren wiedergab.

Der Gedanke einer Einheit der Heiligen Schrift wird in den Vorreden immer wieder betont: Im Alten Testament werden Christus und das Heil verkündet, die im Neuen Testament die Erfüllung finden; Personen und Geschehnisse als Präfigurationen des Neuen Testaments gedeutet, nach dem Vorbild von Paulus (Röm 5,14), der Adam als ein Gegenbild von Christus bezeichnet. Luther erläutert dies mit bildhaften Worten in der Vorrede zum Pentateuch (fünf Bücher Mose): „Hie wirstu [wirst du] die windeln vnd die krippen finden/da Christus ynnen ligt/dahyn auch der engel die hirtenn weysset/Schlechte vnd geringe windeln sind es/aber theur ist der schatz Christus/der drynnen ligt."

Dem ersten Teil des Alten Testaments – den fünf Büchern Mose –, der zuerst 1523 bei Melchior und Michael Lotter in Wittenberg erschien, wurden wiederum Holzschnittillustrationen aus der Werkstatt Lucas Cranachs beigegeben, die der buchstabengetreuen Veranschaulichung des Textes dienen und etwa die Arche Noah, die Bundeslade oder den siebenarmigen Leuchter zeigen (nach der Ausgabe 1524).

1524 erschienen noch die historischen Bücher (Josua bis Esther), die poetischen Bücher (Hiob, Sprüche, Prediger, Hohelied) und der Psalter. Luthers Wiederaufnahme der akademischen Lehrtätigkeit im Sommersemester 1524, seine Auseinandersetzungen um den Bauernkrieg und mit Erasmus von Rotterdam, Reisen und Krankheiten sowie neue Aufgaben der sich etablierenden kirchlichen Strukturen, die Visitationen und Arbeit am *Großen und Kleinen Katechismus* (1529; Abb. S. 27), schließlich die gemeinsam mit Melanchthon vorgenommenen Revisionen des Neuen Testaments und der Psalmen hinderten den rascheren Fortgang dieser Übersetzung.

Die Gesamtausgabe von 1534

Nach einem Jahrzehnt der Teilausgaben war es an der Zeit, an die Herausgabe einer vollständigen Bibelausgabe zu denken. Dies lag selbst-

Ill. 29

Ill. 29
Das Privileg Friedrichs des Weisen zum Schutz vor unberechtigtem Nachdruck seit 1534, mit dem Porträt Friedrichs von Lucas Cranach d. Ä. in der Ausgabe Wittenberg 1543. *Göttingen, Staats- und Universitätsbibliothek*

Ill. 30
Der Kleine Katechismus. Martin Luther: *Enchiridion*, Wittenberg 1536. *Göttingen, Staats- und Universitätsbibliothek*

verständlich in Luthers eigener Absicht, wurde aber auch immer wieder von Gelehrten und von Pfarrern eingefordert. Auch bedingt durch die Erkrankung Luthers zu Beginn der 30er-Jahre übernahmen wiederum Justus Jonas (1493–1555) und Philipp Melanchthon die Übersetzung der noch fehlenden Texte aus den Apokryphen (Judith, Tobias, Baruch, zweites Buch der Makkabäer und einige Stücke aus Esther). Die Planungen für die Gesamtausgabe reichen sicherlich bis mindestens zum Jahr 1532 zurück, da der Monogrammist MS einige seiner Holzstöcke mit diesem Datum datierte. Als Verleger war wiederum Christian Döring (gest. 1533) vorgesehen, der sich seit 1522 gemeinsam mit dem Maler Lucas Cranach für den Vertrieb des *September-Testaments* und zahlreicher weiterer theologischer Traktate und Bibel-Einzelausgaben verantwortlich zeichnete. Cranach war 1526 aus der Gemeinschaft ausgeschieden, Döring hoffte offensichtlich, sein Sortiment und seinen Verlag mittels eines kurfürstlichen Privilegs gegenüber dem grassierenden Nachdruck von Luthers Schriften weiter absichern zu können.

Mit Luthers Vermittlung erteilte Kurfürst Johann Friedrich von Sachsen zu Beginn des Jahres 1533 Döring ein zeitlich unbefristetes Privileg (Abb. S. 26), sodass der Verleger am 15. April desselben Jahres mit dem bewährten Wittenberger Drucker Hans Lufft den Druckauftrag vereinbaren konnte. 1524 waren bereits bei Lufft eine niederdeutsche Ausgabe des Neuen Testaments erschienen und seit 1526 zahlreiche frühneuhochdeutsche Teilausgaben der Bibel. Lufft kann als der bedeutendste Drucker lutherischer Schriften bis in die 1560er-Jahre angesehen werden. Da der Verleger Döring aber in wirtschaftliche Schwierigkeiten geriet, verkaufte er gegen die hohe Summe von 800 Gulden das Privileg und den Verlag der ersten Gesamtbibel an die drei Wittenberger Buchhändler und Verleger Moritz Goltz (um 1495–1548), Christoph Schramm (gest. 1549) und Bartholomäus Vogel (um 1489–1569). Bald danach, im Dezember 1533, verstarb Döring in Wittenberg. Die Verlegergemeinschaft hatte nicht nur die Rechte für diesen Neudruck, sondern auch den gesamten Buchbestand und die Rechte für seinen Vertrieb von Döring am 22. Mai 1533 übernommen (*Handelsbuch der Stadt Wittenberg, Stadtarchiv Wittenberg*). Goltz verlegte weiterhin einzelne Traktate Luthers, ab 1539 auch die 19-bändige Wittenberger Gesamtausgabe. 1538 übernahm er auch die Buchhandlung seines Kompagnons Bartholomäus Vogel. 1542 wird er urkundlich als einer der reichsten Wittenberger Bürger aufgeführt.

Dieser ersten Gesamtausgabe fehlte eine einheitliche redaktionelle Überarbeitung, so waren einige Partien bereits mehrfach revidiert worden, einiges, besonders das erste Buch Mose, wurde für diese Drucklegung noch einer eigenen Revision unterzogen. Die ja erst 1532 vollständig vorliegende Übertragung der Propheten wurde nur mit wenigen Ausnahmen überarbeitet. Die restlichen Apokryphen wurden speziell für diese Ausgabe übersetzt. Der unfertige Eindruck ist der Druckversion noch anzumerken, die in sechs selbstständig paginierte Einzelteile mit jeweils einem eigenen Titelblatt aufgegliedert wurde und daher eine Zitation sehr schwer macht. Die Blattzählung (in römischen Ziffern) wird mit dem Vermerk recto und verso für die Vorder- und Rückseite beziehungsweise für die rechts und links liegende Seite ergänzt. Das Gesamtwerk ist eingeteilt in die

1. 5 Bücher Mose [Pentateuch] (133 Blatt)
2. Der annder Teil des Alten Testaments (212 Blatt)
3. Der dritte Teil des Alten Testaments (85 Blatt)
4. Die Propheten alle deutsch, zweigeteilt 114 Blatt bis zum Propheten Hesekiel, 69 Blatt von Daniel bis zu Maleachi
5. Apocrypha (106 Blatt)
6. Neues Testament (200 Blatt)

Die nicht dem mittelalterlichen Kanon entsprechenden Partien (die Apokryphen) wurden in einer neuen Reihenfolge geboten: „Das sind Bücher, so nicht der heiligen Schrifft gleich gehalten: und doch nützlich und gut zu lesen sind. I. Judith, II. Sapientia, III. Tobias, IIII. Syrach, V. Baruch, VI. Maccabeorum, VII. Stucke jnn Esther, VIII. Stucke jnn Daniel." Luther begründete die Umstellung gegenüber der *Vulgata* in seiner Vorrede damit, dass er das Buch Judith dem „Buch der Weisheit" als ein „gemein [=allgemeines] Exempel" zuordne.

Wirkung und Sprache der ersten Vollbibel

Zahlreiche Briefzitate Luthers belegen, dass ihn die Drucklegung dieser ersten Gesamtausgabe im Jahre 1534 sehr in Anspruch nahm. Zum Beispiel spricht er in mehreren Briefen im Juni 1534 davon, dass er seine Drucker gerade „ein wenig gespeiset habe". Exakt zwölf Jahre nach dem Erscheinen des *September-Testaments* erschien zur Leipziger Michaelismesse – vom 4. bis 11. Oktober 1534 – diese erste „Vollbibel" in der neuen Übersetzung. Ein gebundenes Exemplar kostete 2 Gulden und 8 Groschen und damit das Fünffache einer Ausgabe des Neuen Testaments. Zahlreiche begeisterte Zuschriften noch aus dem gleichen Jahr haben sich erhalten, welche die „fehlerfreie und ganz vollkommene Übersetzung" loben und hervorheben, dass „verständigen Menschen sie beinahe

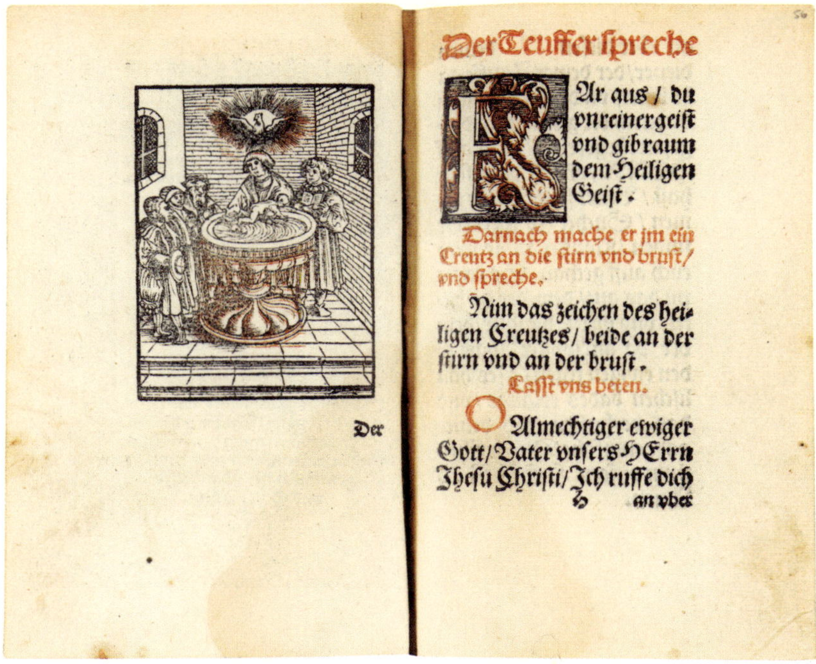
Der

Der Teuffer sprech

FAr aus / du
vnreiner geist
vnd gib raum
dem Heiligen
Geist.

Darnach mache er jm ein
Creutz an die stirn vnd brust /
vnd spreche.

Nim das zeichen des hei-
ligen Creutzes / beide an der
stirn vnd an der brust.

Lasst vns beten.

O Allmechtiger ewiger
Gott / Vater vnsers HErrn
Jhesu Christi / Jch ruffe dich
an vber

Ill. 30

einen Kommentar ersetzen könne", so Antonius Corvinus in einem Brief vom 24. November 1534. Dieser Witzenhausener Pfarrer legte mit seinen Äußerungen den Grundstock zu der späterhin allgemeinen Auffassung, dass Luthers Übersetzung nicht mehr verbessert werden und in seiner Sprachkraft jedweden weiteren theologischen Kommentar schlichtweg ersetzen könnte.

Trotz des relativ hohen Preises scheint die 3000er-Auflage sehr rasch vergriffen gewesen zu sein, da 1535, 1536 und 1539 weitgehend unveränderte Nachdrucke in Wittenberg veröffentlicht wurden. Erst die Bibelrevisionen der Jahre 1539 bis 1541 erbrachten eine Weiterarbeit an den Texten und zeigten auch ein anderes typografisches Bild, das nunmehr in zwei Spalten gesetzt wurde. Eine grundsätzliche Revision erfolgte in der Wittenberger Ausgabe vom Herbst 1541 in der sogenannten Medianbibel, benannt nach dem großzügigen Druckformat; die Illustrationen waren weitgehend vom Monogrammisten MS übernommen. Die Überarbeitung wurde auf dem Titelblatt angezeigt: „Auffs New zugericht" (Abb. S. 28 rechts) und auf sorgfältigen und fehlerfreien Druck großen Wert gelegt. Luther führt in einer „Warnung" massiv Klage gegen die unberechtigten und unzuverlässigen Nachdrucker: „Denn weil sie allein ihren Geitz suchen/fragen sie wenig darnach/wie recht und falsch sie es hin nach drucken/Vnd ist mir offt widerfahren/das ich der Nachdrucker druck gelesen/also verfelscht gefunden/das ich meine eigen Erbeit/an vielen Orten nicht gekennet."

Als „Ausgabe letzter Hand" gilt die *Biblia: das ist: Die gantze Heilige Schrifft: Deudsch Auffs new zugericht. D. Mart. Luth.*, die Hans Lufft 1545 in Wittenberg herstellte. Da sie die letzte Ausgabe zu Luthers Lebzeiten war, erhielt sie beinahe kanonische Bedeutung und wurde – im Gegensatz zu Luthers eigenen Intentionen – jahrhundertelang kaum verändert. Einige Korrekturen Luthers wurden aber noch in die Ausgabe von 1546 aufgenommen, die postum erschien und deren Drucklegung sein enger Mitarbeiter und Korrektor Georg Rörer (1492–1557) überwachte. Zwischen 1522 und 1546 kann man 430 Teil- und Gesamtausgaben nachweisen, sodass mit etwa einer halben Million (!) Lutherbibeln bis zur Jahrhundertmitte gerechnet werden kann.

Um die Sprache der Lutherbibel ranken sich zahlreiche Legenden, die von der sprachgeschichtlichen Forschung in den letzten Jahren relativiert werden konnten. Festzuhalten bleibt, dass die weite Verbreitung seiner Schriften und der Bibelübersetzung, sein Bemühen, dialektale Ausdrücke zu vermeiden, und die Verwendung der überregional verständlichen Druckersprache des deutschen Südostens den bereits begonnenen Sprachausgleich innerhalb des Deutschen Reiches und die Ausbildung einer gemeindeutschen Schriftsprache positiv förderten. Seine eigene Hoffnung, mit der Sprache der Sächsischen Kanzlei (*Ideo est communissima lingua Germaniae*, vgl. *Tischreden*, 1040 und 2758) überall verstanden zu werden, überschätzte allerdings die Rolle der Kanzleisprachen. In den oberdeutschen Städten mussten seinen Übersetzungen Glossare, mitteldeutsch-oberdeutsche Wörterlisten, beigegeben werden, und in Norddeutschland entstanden in rascher Folge eigene niederdeutsche Fassungen. Neben den bewussten Ausgleichsbestrebungen wirkten auch seine Wortneuschöpfungen, Redensarten und metaphernreiche Sprache stilbildend. Neuere Forschungen betonen gegenüber der gängigen Verharmlosung seiner „volkstümlichen, schlichten" Sprache, dass er sich um eine gehobene Sakralsprache bemühte, die von der klassischen Rhetorik geprägt ist und sich an die stilistische Qualität der Urtexte anschloss. Er selbst beschreibt die exakte Übersetzungsarbeit im *Sendbrieff von Dolmetschen*: „Vnd ist vns wol offt begegnet/dass wir xiiij Tage/drey/vier Wochen/haben ein einiges Wort gesucht vnd gefragt/habens dennoch zu weilen nicht funden."

Der Einfluss von Luthers Sprache und Stil geht nicht nur auf die weitverbreitete Bibel selbst zurück, sondern auch auf seine theologischen Traktate, die Nachschriften seiner Schüler, zum Beispiel die *Tischgespräche*, schließlich auf den Katechismus (Abb. S. 27), die Kirchenlieder und die protestantische Predigt der nachfolgenden Jahrhunderte. Die meisten reformatorischen Flugschriften beziehen sich auf die Luther-Bibel; viele Autoren zitierten sie in ihren fiktionalen Texten, von Hans Sachs (1494–1576) bis zur *Historia von D. Johann Fausten* (1587). Da die Bibel oft das einzige Buch im Hause war, diente es häufig auch zum Leseunterricht. 1642 predigte der Rhetoriker und Theologe Johann Conrad Dannhauer in Straßburg über die richtige Lektüre der Christen und verdammte die Romane: „Hinweg mit Amadis/Schäffereyen/Eulenspiegel/Gartengesellschaft/Rollwagen/und dergleichen heyllosen Büchern mehr – das Teutsch lernt sich besser in der Bibel vnd den Büchern Lutheri ...".

Auch das Erbauungsschrifttum und das Bibeldrama im 16./17. Jahrhundert verwenden das „Luther-Deutsch". Aufklärer und Klassiker von Hamann bis Klopstock und Goethe setzten sich im 18. Jahrhundert erneut eingehend mit der Sprache des Reformators auseinander, deren Nachwirkung bis zu Friedrich Nietzsche, Thomas Mann und Bertolt Brecht reicht.

Ill. 31

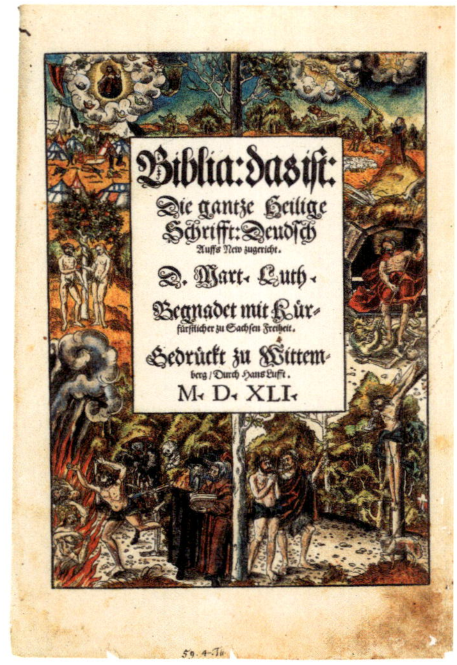

Ill. 32

Ill. 31
Exlibris aus der Weimarer Bibel von 1534, Band 1 und 2, vorderer Buchdeckel innen

Ill. 32
Biblia: das ist: Die gantze Heilige Schrifft: Deudsch Auffs New zugericht. D. Mart. Luth., sog. „Medianbibel", Wittemberg 1541. *Wolfenbüttel, Herzog August Bibliothek*

Die Flugschriften der Reformationszeit und Luthers Gesangbuch

Nicht nur Luthers Bibel und seine reformatorischen Hauptschriften wurden publiziert, sondern auch die Texte seiner Mitstreiter und Befürworter. Zu nennen sind vor allem die Flugschriften in Dialogform von Ulrich von Hutten (1488–1523) oder von Hans Sachs. Die aus der lateinischen Literatur übernommene Dialogform erwies sich mit ihrem belehrenden Charakter als besonders förderlich für die Verbreitung der neuen reformatorischen Ideen. Grundfragen der Theologie werden in einem Rede- und Antwort-Spiel für jedermann leicht verständlich diskutiert. Bei Hans Sachs disputieren etwa ein Chorherr und ein Schuhmacher (Nürnberg 1524) miteinander; in diesem Dialog (Abb. S. 30 links) entlarvt sich der Chorherr durch seine eigenen Formulierungen und wird als oberflächlich und unreflektiert dargestellt, während der Schuster Hans als bibelfester Gläubiger gezeigt wird. Er behandelt drei Problemfelder, die auch Luther in seinem Aufruf *An den Christlichen Adel teutscher Nation* thematisiert hatte: das alleinige Recht des Papstes, die Bibel auszulegen und ein Konzil einzuberufen sowie die Herrschaft der geistlichen Macht über die weltliche. Vertreter beider konfessioneller Seiten treten jeweils in diesen Prosadialogen auf und charakterisieren sich darin selbst durch ihre Worte und durch ihre Handlungen. Dabei werden nicht nur rein theologische Fragen in den Mittelpunkt gestellt, sondern besonders auch die Auswirkungen religiösen Verhaltens auf die Lebenspraxis, etwa in Dialogen über den Wucher, über das falsche Fasten oder über die Unterdrückung und die Ausbeutung des Bauernstandes. Die Flugschriften spielen daher auch eine grundlegende Bedeutung in der geistigen Vorbereitung und in der Auseinandersetzung mit dem Bauernkrieg von 1524/25.

Von Hans Sachs stammt ein weiteres anschauliches Spruchgedicht, ein Einblattdruck: „Ein neuer Spruch/wie die Geystlichkeit vnd etlich Handwercker vber den Luther clagen" (Abb. S. 30 rechts). Zwischen den Argumenten der „Gottlosen", Luthers und dem Urteil Christi können sich die Leser bzw. Zuhörer entscheiden. Die gottlosen Handwerker vertreten diejenigen Gewerbe, die in den zurückliegenden Jahrhunderten als Auftragnehmer der Kirche große Gewinne erwirtschaften konnten: die Glockengießer und Orgelbauer, die Glasmaler, die Steinmetze, die Zimmerleute, die Kerzen- und Paramentenmacher, die Schreiber und die „Pfaffen-Weyber", aber auch die Prälaten, Priester und Mönche selbst klagen vor dem „strengen Richter" über Luther, der nun ihr bisher sorgloses Leben beschwere. „Doktor Martin" weist ihre Anwürfe zurück und betont, dass er mit dem Wort und dem Geist der Bibel nur ihren Geiz und ihre Simonie, den falschen Götzendienst und ihre „Gleissnerey" aufdecke. Das Urteil Christi wird durch sechs (in den Glossen belegten) Bibelstellen argumentativ untermauert. Christus trägt den Geistlichen auf, das Evangelium „rein und pur" zu verkünden und nicht wie bisher für Geld und Gut und mittels Gebühren für Vigilfeiern, Jahrtage und Seelenmessen „den Witwen ihre Häuser auf zu fressen". Sie handelten wie die Pharisäer und suchten ihr Heil nur im irdischen Reichtum und nicht die Freuden des Reiches Gottes. Die eingängigen Verse von dem bekennenden Handwerker, dem „Schuster Hans Sachs", mit dem anschaulichen Holzschnitt sorgten dafür, dass diese Flugblätter vielfach vorgelesen und im größeren Kreis diskutiert wurden. Die Illustration stammt von Sebald Beham, das Blatt wurde bereits in den Anfangsjahren der Reformation 1524 in Nürnberg bei Hieronymus Höltzel gedruckt.

Die Reformationspropaganda und die agitatorischen Schriften gegen die katholische Kirche bedienten sich der suggestiven Wirkung von Holzschnitten mit anschaulicher Bildlichkeit, die noch einmal deutlich macht, dass die Texte in den meisten Fällen durch Vorlesen verbreitet wurden. Ein besonders eindrückliches Flugblatt über die Ausbreitung der evangelischen Lehre zeigt den Sieg der „Evangelischen Wahrheit" mit einem Triumphzug überdeutlich: Patriarchen, Propheten und Apostel tragen das in einem Schrein versteckte „Grab der Heiligen Schrift" unter Posaunenschall und der „Danksagung des gemeinen Volks" in die Stadt hinein. Ihnen folgt Ulrich von Hutten mit den gefangenen Klerikern der alten Kirche, dem Papst, den Bischöfen und den führenden katholischen Theologen. Sie werden satirisch mit Tiergesichtern dargestellt, so der Franziskaner Thomas Murner als Kater, Hieronymus Emser als Bock oder Johannes Eck als Schwein (Dr. Eck = Dreck). Dem Siegeswagen Christi gehen Luther und Karlstadt voran. In einer eingängigen bildlichen Formel wird so die Überwindung der „alten" Kirche und der Siegeszug des Wortes Gottes gefeiert.

In den ersten 30 Jahren des 16. Jahrhunderts erschienen etwa 9000 Flugschriften; mit der Reformation seit 1517 erreichte ihr Anteil circa 17 Prozent der Gesamttitelproduktion. Von den „12 Artikeln" der aufständischen Bauern konnten innerhalb eines Jahres über 24 Ausgaben von 18 Druckern in 15 verschiedenen Städten nachgewiesen werden. Wenn sich zwischen 1519 und 1522 der Anteil volkssprachiger Texte um das Siebenfache erhöhte, so kann dies auch mit einem deutlich gestiege-

Ill. 33
Hans Sachs: *Disputation zwischen einem Chorherren und Schuhmacher*, 1524, S. l. *Göttingen, Staats- und Universitätsbibliothek*

Ill. 34
Luther und die Handwerker. Einblattdruck, Nürnberg 1524, mit Holzschnitt von Sebald Beham. *Nürnberg, Germanisches Nationalmuseum*

Ill. 33

Ill. 34

nen Interesse an Inhalten und einer sich entwickelnden Lesekultur verbunden werden. Selbst wenn die Auflagen von Flugblättern bei 400 Exemplaren begannen, ist ihre Wirkung doch ungleich größer, da sie vielerorts in den Gemeinden vorgelesen und diskutiert wurden.

Von Luthers reformatorischen Liedern wissen wir, dass sie zunächst in einer Auflage von 400 Exemplaren in vielen Städten verbreitet und dort durch das Vorsprechen im Gemeindegottesdienst allen interessierten Gläubigen beigebracht wurden. Diese Praxis wird durch eine reformatorische Flugschrift aus dem Jahre 1524 besonders plastisch, die mit dem zunächst paradox klingenden Satz beginnt: „Lieber Leser, kannst Du nit lesen, so such Dir einen jungen Mann, der Dir diesen Text vorliest". Die Verbreitung der reformatorischen Ideen erfolgte durch den Buchdruck, dessen Wirkung durch die Verbreitung der Texte in der Predigt und im Gesang aber potenziert wurde.

Neben seiner Übersetzungsleistung der Bibel und seinen wortgewaltigen Flugschriften ist Luther auch als Autor zahlreicher Lieder und des Gesangbuches zu erwähnen. 34 Strophenlieder sind von ihm überliefert, die alle direkt und indirekt der Verkündigung des Evangeliums verpflichtet sind. Bereits sein erstes autobiografisches Lied „Nun frewdt euch, lieben Christen gmayn" erzählt von seiner reformatorischen Erkenntnis und der wiederentdeckten Gnade. Typisch für diese frühen Lieder ist das Kunstmittel der Kontrafaktur: Dabei nahm er das Metrum, die Melodie und die Grundhaltung eines bekannten Liedes, zu dem er einen neuen Text schrieb. Sein erstes Erzähllied „Nun frewdt euch, lieben Christen gmayn" sollte auf die Melodie des Osterprozessionsliedes „Nun freut euch, Frau und Mann, dass Christ ist auferstanden" gesungen werden. Viele seiner Lieder sind in Flugschriften verbreitet worden, deren Erstdrucke wir heute zum großen Teil nicht mehr besitzen. Von seinem ersten Lied hat sich keiner der Wittenberger Erstdrucke erhalten, nur ein Nachdruck von Philipp Ulhart 1524 aus Augsburg. Um die katechetische Wirkung zu erhöhen, schrieb Luther Lieder zu einzelnen Katechismus-Stücken und zum Credo, am bekanntesten ist seine gereimte Paraphrase des Vaterunsers: „Das Vater unser, kurtz ausgelegt, unnd in gesangweiß gebracht". Der Nürnberger Buchdrucker Jobst Gutknecht kam als Erster 1524 auf den Gedanken, verschiedene solcher Lieder Luthers und seiner Mitstreiter zu einer Flugschrift von zwölf Blatt mit mehreren Liedern zusammenzufassen: „Etlich christlich lider, Lobgesang und Psalm, dem rainen wort Gottes gemeß [...] in der kirchen zu singen, so zu Wittenberg in übung ist".

Seit 1529 erschien dann, von Luther selbst herausgegeben, ein erstes regelrechtes „Gesangbuch" mit Liedern von Luther, seiner Weggefährten und älteren Kirchenliedern, das bereits nach dem Kirchenjahr und den Gattungen „Katechismus – Psalmlieder – liturgische Lieder" geordnet war. Kein Exemplar des sehr begehrten Druckes hat sich bis heute erhalten, das erste erhaltene Exemplar stammt von 1533, das letzte zu seinen Lebzeiten von 1545. Danach trat das Leipziger Gesangbuch von Valentin Bapst (Abb. S. 31) an seine Stelle, das noch eine Einführung von Luther erhielt: „Darum tun die Drucker sehr wohl daran, dass sie gute Lieder fleißig drucken und mit allerlei Zierde den Leuten angenehm machen, damit sie zu solcher Freude des Glaubens gereizt werden und gerne singen".

Weitere Bibelübersetzungen

Die katholische Kirche versuchte, mit eigenen Übersetzungen die Wirkung Luthers einzudämmen. Auf Veranlassung von Herzog Georg von Sachsen (1471–1539), der bereits 1522 ein Verbot der Luther-Bibel für seine Untertanen verkündet hatte, gab Hieronymus Emser (1477/78–1527) 1527 in Dresden bei Wolfgang Stöckel ein Neues Testament heraus, das er nach Luthers *September-Testament*, älteren deutschen Bibeln und mit Rückgriff auf den Urtext verfasst hatte; als Illustrationen verwendete er die Holzschnitte des *Dezember-Testaments*, die Cranach an ihn verkaufte. Im Nachwort riet Emser allerdings selbst von der Bibellektüre ab, die nichts für den Laien sei und nur in die Hände der Gebildeten gehöre, womit er in die Argumentation des 15. Jahrhunderts zurückfiel: „Darumb so bekömere sich nu eyn itzlicher Ley (der meinem rat volgen wil) mehr vmb eyn gut Gotselig leben/dann vmb die schrifft/die aleyn den gelarten befohlen ist ...".

Erfolgreicher wurde die *Biblia, beider Allt vnnd Newen Testamenten* des Dominikaners Johannes Dietenberger (um 1475–1537), die – mit kaiserlichem Privileg ausgestattet – 1534, kurz vor Luthers Gesamtausgabe, in Köln und Mainz erschien (Abb. S. 33). Auch der Mainzer Professor für Theologie nutzte Luthers Übersetzung direkt und indirekt (durch den engen Anschluss an Emser) sowie ältere deutsche Übertragungen; er gab ebenfalls Inhaltsangaben der Bücher und glossierte Übersetzungsvarianten und Erklärungen am Rand, vermerkte dort auch „Verfälschungen" in Luthers Deutung. Dietenbergers Bibel erlebte bis 1776 insgesamt 46 Auflagen. Daneben fand im katholischen Bereich die sogenannte Mainzer Bibel, von Mainzer Theologen auf der Grundlage Dietenbergers erarbeitet, im 17./18. Jahrhundert weite Verbreitung.

Ill. 35

Ill. 35
Das Bapst'sche Gesangbuch, Leipzig 1545. *Göttingen, Staats- und Universitätsbibliothek*

Im 19. und frühen 20. Jahrhundert entstanden verschiedene katholische Übersetzungen, die nun erstmals umfassend den griechischen Urtext bei der Übertragung berücksichtigten. Die Vielfalt der unterschiedlichen Übersetzungen suchte man im ökumenischen Geist durch die sogenannte Einheitsübersetzung der Heiligen Schrift (Stuttgart 1980) zu harmonisieren. Diese bietet einen wissenschaftlich exakten Text in angemessener sprachlicher Gestaltung, der in wesentlichen Partien (Psalmen und Neues Testament) ökumenisch erarbeitet wurde.

Versuche, die Zielsprache durch Wortneubildung an den Ausgangstext heranzuführen, unternahm Martin Buber (gemeinsam mit Franz Rosenzweig) in seiner 1961 abgeschlossenen Übersetzung „Die Schrift" (4 Bände, Heidelberg 1954–1961), in der er das Deutsch der hebräischen Lautgestalt anzugleichen und auch die rhythmische Gliederung, die Syntax usw. zu transponieren suchte. So bildete er dem Hebräischen „tohuwabohu" (1 Mos 1,2) im Deutschen die Wortverbindung „Irrsal und Wirrsal" nach. Die Formulierung vom „Geist Gottes, der über dem Wasser schwebt", veränderte er zum „Braus Gottes schwingend über dem Antlitz der Wasser", was dem Hebräischen „ruach" mit seinen vielfältigen Bedeutungsvarianten nahekommt.

Die Übersetzung der Bibel fand einen Höhepunkt mit Martin Luther, dessen Sprachkraft und theologische Interpretation noch nach 500 Jahren faszinieren können. Luther zu würdigen hieße, die Bibel für jede Generation neu aus den Urtexten in die Gegenwartssprache zu übertragen – unter Berücksichtigung einmal gefundener, gelungener Formulierungen.

Die Illustrationen der Ausgabe von 1534

Die vollständig neue Illustrierung der ersten Gesamtausgabe hatte noch der Verleger Döring 1532 einem in Cranachs Werkstatt arbeitenden Monogrammisten MS übertragen (Versuche, diese Initialen einer bekannten Person zuzuordnen, konnten bisher nicht überzeugen). Luther selbst hat an den Illustrationen regen Anteil genommen, wie wir durch einen überlieferten Bericht eines Korrektors aus Hans Luffts Setzerei, Christoph Walthers (um 1515–1574), erfahren: „Luther hat die Figuren in der Wittenbergischen Biblia zum Teil selber angegeben, wie man sie hat sollen reißen oder malen, und hat befohlen, dass man aufs einfältigst den Inhalt des Texts sollt abmalen und reißen, und wollt nicht leiden, dass man überlei [überflüssige] und unnütz Ding, das zum Text nicht dienet, sollt dazu schmieren." (WA Bibel, Band 6, Seite 87). Neben dem zweimal wiederholten Gesamttitelblatt und dem ganzseitigen, vor Blatt 1 im Alten Testament stehenden Schöpfungsbild schnitt MS 117 Textbilder und zehn Bildinitialen. Lediglich das Zwischen-Titelblatt zum zweiten („anderen") Teil des Alten Testamentes wurde noch aus einer früheren Ausgabe, nicht der Wittenberger Ausgabe von 1524, aus Lucas Cranachs Werkstatt übernommen (zweiter Teil des Alten Testamentes, der auf einem Felsblock sitzende gepanzerte Josua; vgl. Nr. 24, Abb. S. 65).

Der Meister MS konnte, wie gesagt, bis heute nicht ermittelt werden, er wird stilistisch nach Süddeutschland eingeordnet. Da die Holzschnitte die Jahreszahlen 1532, 1533 und 1534 tragen, dürfte die Vergabe bereits von Döring erfolgt sein und daher die Vorbereitung dieser Holzstöcke längere Zeit in Anspruch genommen haben. Alle Holzschnitte haben ein einheitliches Format von 10,8 x 14,7 cm und ragen damit etwa 1 cm über den Satzspiegel hinaus. Möglicherweise war man bei der Auftragsvergabe von 1532 von einem größeren Satzspiegel ausgegangen. Dieses Phänomen finden wir bei zahlreichen Frühdrucken, bei denen die Herstellung der Illustrationen mehrere Jahre in Anspruch nahm. Ein Kennzeichen des Meisters MS ist die muntere Bewegtheit der Figuren, die allen Illustrationen eine gewisse Dynamik verleiht. Ebenso typisch ist die – in diesem Exemplar nicht mehr wahrzunehmende – bewusst eingesetzte, feine Schraffur, die mit ihren gestuften Grauwerten den Bildern eine Tiefenwirkung und eine gewisse Plastizität verleiht. Die Holzschnitttechnik hatte sich seit den Anfängen im 15. Jahrhundert inzwischen so weit vervollkommnet, dass eine Kolorierung der Bücher wie noch in der Inkunabelzeit nicht mehr notwendig gewesen wäre. Die Kolorierung zeigt auf der anderen Seite die besondere Wertschätzung des Besitzers, der wie bei den kostbaren, unikaten Handschriften auch diesen vorliegenden Druck noch in einer einmaligen Art und Weise ausgestaltete. Das als Massenprodukt hergestellte gedruckte Buch wird auf diese Weise zu einem einmaligen, künstlerisch gestalteten Wertgegenstand.

In dem vorliegenden Exemplar aus der Herzogin Anna Amalia Bibliothek in Weimar (Signatur C1,I: 58b + c; Exlibris siehe Abb. S. 28 links) wurden zeitgenössisch von einer Hand nicht nur die Holzschnitte, sondern auch alle Initialen gleichbleibend kräftig übermalt. Die Verwendung von Deckfarben gibt den Holzschnitten ein völlig eigenes Aussehen, das sich zum Teil deutlich von den Schwarz-Weiß-Holzschnitten unterscheidet. Das Exemplar erhielt dadurch seine eigene Dignität und besticht durch die kräftigen blauen, grünen und roten Farben. An nicht wenigen Stellen überhöhte der Illuminator mit Goldfarbe die Bildwir-

VE VE

Ill. 36

Die Dietenberger-Bibel. *Biblia, beider Allt vnnd Newen Testamenten*, Köln 1534. *Göttingen, Staats- und Universitätsbibliothek*

Ill. 36

kung. Fünf Holzstöcke wurden zweimal verwendet (Steinigung Nr. 21 u. 22, Tempel Nr. 45 u. 47, Lukas Nr. 92 u. 94, Johannes Nr. 93 u. 102 und Paulus mit Phoebe Nr. 95 u. 99); ein Holzstock, Paulus und die zwei Boten, wurde sogar viermal verwendet (Nr. 96, 97, 98 und 100). Wie üblich wurde das Neue Testament bis auf die Evangelistenbilder nicht bebildert, erstmalig erhielten in dieser Ausgabe auch die Apokryphen Holzschnittschmuck (vgl. detaillierte Beschreibungen S. 40–193).

Bei den ausgesprochen bildhaften Illustrationen der Apokalypse fällt auf, dass die „babylonische Hure" nun wiederum mit der päpstlichen Tiara dargestellt wurde. Diese aus der Sturmzeit der Reformation vom Jahre 1522 stammende Agitation aus dem *September-Testament*, die auf den Einspruch von Herzog Georg von Sachsen hin im *Dezember-Testament* 1522 wieder entfernt werden musste (Abb. S. 25), wurde hier bewusst wieder aufgenommen. Da wir durch die Worte des Korrektors die Mitwirkung von Luther an der Illustrierung belegt haben, könnte es auch auf seinen speziellen Wunsch hin erfolgt sein, zumal auch die Randglossen noch einmal ausdrücklich darauf verweisen (vgl. Nr. 117 „Das Tier aus dem Abgrund mit der päpstlichen Tiara", Nr. 122 „Der göttliche Zorn" und Nr. 123 „Die große Hure von Babylon, leuchtend rot und golden gekleidet und hält in der Hand einen goldenen Kelch"). Die lutherische Übersetzung verspricht: „Vnd an jrer stirn geschrieben den namen/das Geheimnis". Dieser Name wird dann durch die Tiara des Papstes eindeutig im Bild entschlüsselt. Die Randglosse verdeutlicht unmissverständlich: „Hie zeiget sich die Römische Kirche/jnn ihrer gestalt vnd wesen/die verdampt sol werden". Heilige, Könige, Herrscher und das ganze Volk knien vor der Hure nieder. Die Szene wird in der Mitte von Johannes und einem Engel beobachtet.

Der Meister MS schuf 117 eigenständige Holzschnitte und verschiedene Initialen. Die Holzstöcke haben sich erhalten und befinden sich heute in der Jagiellonischen Bibliothek in Krakau.

Wenn der Hauptmeister MS sich an eine jahrhundertealte christliche Ikonografie, gerade bei den Attributen der Propheten oder der Evangelisten, hielt, hat er sich jedoch nur in wenigen Fällen direkt an den 18 Bibeln im Buchdruck vor Luther orientiert. In einzelnen Fällen finden wir seine Bildmotive in Handschriften (vgl. das Beispiel S. 12 rechts aus einer Historienbibel des Diebold Lauber aus der ersten Hälfte des 15. Jahrhunderts), Kirchenfenstern oder auch in anderen Buchholzschnitten vorgeprägt, ohne allerdings eine direkte Abhängigkeit nachweisen zu können. Der in sich geschlossene Zyklus dieser 117 Textbilder erweist sich daher als eine einmalige Komposition, die für die nachfolgenden Bibeln stilbildend wurde.

Das Alte Testament

Fünf Bücher Mose

Seite 38–39
Nr. 2 (Blatt IV verso)

Die Sintflut mit der Arche Noah als einem „Kasten“ (1 Mos 7,17–24). Links oben die (hier schwarze) Taube mit dem Ölzweig (ebd. 8, 11).

Nr. 3 (Blatt V verso)

Gottes Segen (hier goldüberhöht dargestellt) über Noah und seine Söhne; der Regenbogen als Zeichen des Bundes (1 Mos 9,1 ff. u. 13). Im rechten Teil die zweite Episode: Im Zelt decken Sem und Japheth ihres Vaters Noah Blöße zu; daneben Ham (ebd. 9,21–23).

Nr. 4 (Blatt XI recto)

Lots Flucht aus dem brennenden Sodom mit den beiden Engeln und seinen zwei Töchtern (1 Mos 19, 15 f.). Rechts am Rand: Lots Frau als Salzsäule (ebd. 19,26). Im Hintergrund: Der Untergang von Sodom und Gomorra (ebd. 19,24 f.); vgl. dasselbe Motiv in der Lübecker Bibel von 1494 (vgl. Abb. S. 16 oben links).

Seite 44 oben

Nr. 5 (Blatt XIII recto)

Isaaks Opferung. Links am Rand die beiden Knaben mit dem Esel (1 Mos 22,5); darunter: Abraham kommt mit Isaak, der das Holz trägt (ebd. 22,6). Im Vordergrund bindet Abraham Isaak auf den Altar und hält in der Rechten das Messer, darüber der Engel; rechts der Widder in der Hecke (ebd. 22,9–13).

Seite 44 unten

Nr. 6 (Blatt XVIII recto)

Jakobs Traum. Rechts im Mittelgrund vor dem Stadttor der Abschied Jakobs von Isaak (1 Mos 28,1 ff.). Im Vordergrund: Jakob, sein Haupt auf einen Stein gestützt, sieht im Traum die Himmelsleiter mit Gott und den auf- und niedersteigenden Engeln (ebd. 28,11–13). Links: Jakob salbt den Stein (ebd. 28,18). Links im Mittelgrund: Jakob und die Schafhirten (ebd. 29,2 ff.) sowie Jakobs Begegnung mit Rahel (ebd. 29,10 ff.).

Nr. 7 (Blatt XX recto)

Jakob und Laban. Links im Mittelgrund teilen Jakob und Laban die Herde (1 Mos 30,31 ff.). Im Vordergrund: Jakob mit den weiß gestreiften Stäben bei den Schafen an der Tränke (ebd. 30,37–41). Rechts im Mittelgrund: Jakob mit Lea und Rahel auf dem Felde (ebd. 31,4 ff.).

Nr. 8 (Blatt XXII recto)

Jakobs Ringen mit dem Engel bis zur Morgenröte (1 Mos 32,24 ff.) an der „Furt Jaboc“ (ebd. 32,22 f.), auf der gegenüberliegenden Seite seine zwei Frauen, die Mägde und elf Kinder. Auf dem Holzblock rechts vorne die Jahreszahl 1532.

Die schwer verständliche Episode erläutert Luther in der Glosse zum Stichwort „Israel“: „Denn durch den glauben im streit des creutzes lernet man Gott recht erkennen und erfaren/so hats denn kein not mehr, so gehet die Sonne auff“.

Seite 47 oben

Nr. 9 (Blatt XXVI verso)

Potiphars Frau versucht im leeren Haus Joseph zu verführen und greift ihn am Gewand (1 Mos 39,12): „vnd sie erwisscht jn bey seinem kleid/und sprach/Schlaffe bey mir/Aber er lies das kleid jnn jrer hand/und flohe“; rechts ein farbenprächtiger Pfau.

Seite 47 unten

Nr. 10 (Blatt XXVII verso)

Rechts eine Kammer mit dem schlafenden Pharao. In der Mitte Pharaos Träume: Er sieht die sieben fetten und die sieben mageren Kühe sowie die sieben vollen und die sieben mageren Ähren (1 Mos 41,1–7). Links im Vordergrund die ägyptischen Wahrsager, in der Mitte der Pharao und Joseph (ebd. 41,8 f. u. 14 ff.).

Seite 48–49

Nr. 11 (Blatt XLIIII recto)

Durchzug der Israeliten durch das Rote (!) Meer. In der beherrschenden Mitte Mose mit dem Stab, hinter ihm Aaron mit Kapuze; die den Israeliten nachfolgenden Ägypter kommen im Meer um, rechts am Himmel die die Nacht erleuchtende Wolke (2 Mos 14,16. 20–23. 26–29).

Seite 50–51

Nr. 12 (Blatt XLV verso)

Wachteln und Manna in der Wüste (2 Mos 16,4 ff.). Im Vordergrund Mose (mit dem Stab) und Aaron (mit der Kapuze). Im Hintergrund: Mose schlägt Wasser aus dem Felsen, umgeben von den Ältesten, darüber Gott in der Wolke (ebd. 17,5 f.).

Seite 52 oben

NR. 13 (BLATT LI VERSO)

Einrichtung der Stiftshütte: Die Lade mit dem „güldenen Kranz oben umher" und den Tragstangen sowie dahinter der „Gnaden Stuhl aus feinem Gold" mit zwei Cherubim (2 Mos 25,10–20).

Seite 52 unten

NR. 14 (BLATT LII RECTO)

Einrichtung der Stiftshütte: Tisch mit Tragstangen, Schüsseln, Löffeln, Kannen, Schalen, Schau-Broten, siebenarmigem Leuchter und Lichtschere (2 Mos 25,23–38).

Seite 54–55

NR. 15 (BLATT LII VERSO)

Die Stiftshütte mit zehn Teppichen aus weißer Seide mit scharlachrotem Cherubim (2 Mos 26,1 ff.).

Seite 53

NR. 16 (BLATT LIII RECTO)

Detaillierte Angaben zur Holz-Konstruktion der Stiftshütte (2 Mos 26,1 ff.).

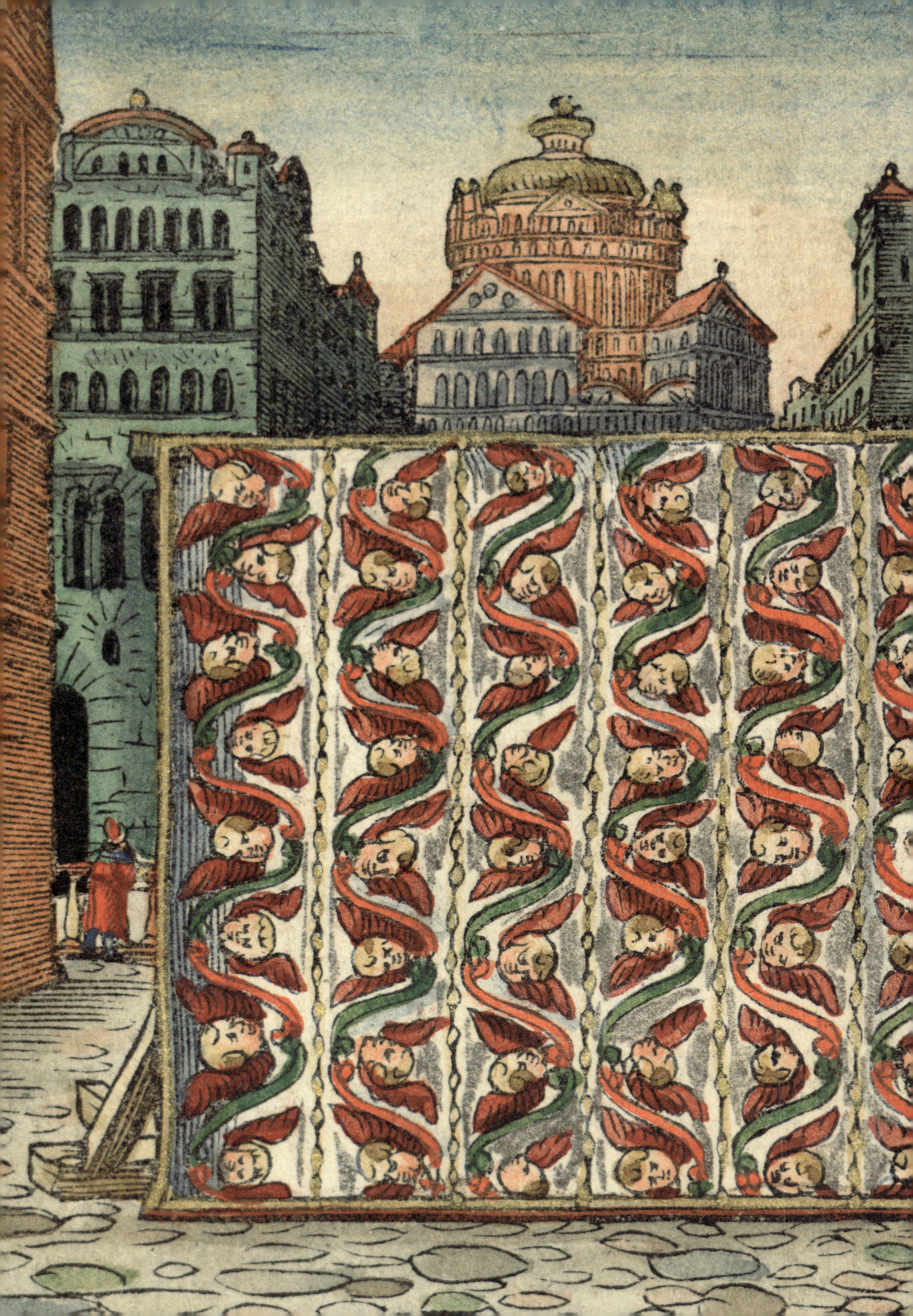

Nr. 17 (Blatt LIII verso)

Der tragbare Brandopferaltar mit dem dazugehörigen Gerät: Aschentöpfe, Schaufeln etc. (2 Mos 27,1–8) und das eherne Handfass (2 Mos 30,18).

Nr. 18 (Blatt LIV recto,
fälschlich als ebenfalls LIII recto angegeben)
Die Gesamtansicht der Stiftshütte mit dem Vorhof (2 Mos 27,9–18).

Nr. 19 (Blatt LIIII verso)
Aaron in der priesterlichen Kleidung (2 Mos 28,4–39).

Nr. 20 (Blatt LVI verso)

Der Tanz der Israeliten um das Goldene Kalb. Rechts vorne zerbricht Mose (rechts neben ihm Josua) im Zorn die Gesetzestafeln (2 Mos 32,17–19).

Nr. 21 (Blatt LXXVIII recto)

Steinigung eines Gotteslästerers „Welcher seinem Gott flucht/der soll seine Sünde tragen“ (3 Mos 24,10 f. 23).

Seite 62–63

Nr. 23 (Blatt XCVIII recto)

Das Zeltlager der Israeliten mit den von feurigen Schlangen Gebissenen; Mose und die eherne Schlange (4 Mos 21,6–9).

Der zweite Teil
des Alten Testaments

Seite 65

Nr. 24 (Einzelblatt nach Blatt CXXXIII)

Josua als geharnischter Ritter (Jos 1,1 ff.). Dieser von Lucas Cranach d. Ä. für das Titelblatt der ersten Ausgabe des zweiten Teils des Alten Testamentes von 1523 geschaffene Holzschnitt wurde ab 1540, als dieses Sondertitelblatt beseitigt wurde, als Anfangsbild für das Buch Josua verwendet.

Nr. 25 (Blatt II verso; neue Blattzählung)

Die Israeliten ziehen mit der Bundeslade trockenen Fußes durch den Jordan (Jos 3,14–17).

Nr. 26 (Blatt III verso)
Die Israeliten ziehen mit der Bundeslade um Jericho, die Priester blasen die Posaunen und Josua gibt den Befehl zum Feldgeschrei; Einsturz der Mauern (Jos 6,15 f. 20).

Seite 68–69
Nr. 27 (Blatt VII verso)
Josuas Sieg über die fünf Könige der Amoriter. Im Hintergrund: Ein Teil des feindlichen Heeres wird durch Hagel vernichtet (Jos 10,11). Rechts am Rand werden die Amoriterkönige aus der Höhle zu Makeda herausgeholt (ebd. 10,22 f.). Linke Bildhälfte: Josua (in der Mitte mit dem Spieß) lässt die Könige töten und an den Bäumen aufhängen (ebd. 10,26).

Nr. 28 (Blatt XLII verso)

Gideons Sieg über die Midianiter. Rechts am oberen Rand: Abzug der „Verzagten“ (Ri 7,3). Rechts vorne: Prüfung des restlichen Teils der Krieger (kniend trinken oder Wasser „lecken wie ein Hund“; ebd. 7,5–7). Auf der linken Bildhälfte die Gideonsschlacht mit Posaunenbläsern (ebd. 7,19–22).

Nr. 29 (Blatt XLVIII recto)

Simson und der Löwe. Links am Rand: Simson begegnet dem jungen Löwen, dahinter die Weinberge zu Thimnath, rechts am Rand Simsons Eltern (Ri 14,5). Vorne zerreißt Simson den Löwen (ebd. 14,6).

Seite 72–73

Nr. 30 (Blatt XLIX recto)

Simson und die Philister. Im Hintergrund: Simson verbrennt durch Feuerbrände an den Schwänzen von je zwei zusammengebundenen Füchsen das Getreide, die Weinberge und Ölbäume der Philister (Ri 15,4 f.). Rechts daneben in der Steinkluft von Etam die Männer von Juda, die Simson gefesselt haben (ebd. 15, 11–13). Rechts am Rand: Die zerrissenen Stricke (ebd. 15,14). Auf der linken Bildhälfte: Simson schlägt mit einem Eselskinnbacken die Philister (ebd. 15,15). In der Mitte: Simson trinkt aus dem Eselskinnbacken (ebd. 15,19).

Nr. 31 (Blatt XLIX verso)
Simson trägt den Torflügel der Stadt Gasa auf den Berg vor Hebron (Ri 16,3).

Nr. 32 (Blatt L recto)

Delila schert in der Kammer dem schlafenden Simson die sieben Locken seines Haars ab, während im Hintergrund die Philister warten (Ri 16,9. 17–19). In der Fensternische das Monogramm „MS“ mit der Jahreszahl 1532.

Seite 76–77

Nr. 33 (Blatt L verso)

Simson reißt das Haus der Philister ein (Ri 16,29 f.).

Nr. 34 (Blatt LX recto)

Die Bundeslade fällt in der Schlacht in die Hand der Philister; Hophnis und Pinehas' Tod (1 Sam 4,10 f.). Als ein aus der Schlacht Geflohener dem Priester Eli diesen Verlust und den Tod seiner beiden Söhne berichtet, bricht dieser sich bei dem Sturz vom Stuhl den Hals (ebd. 4,16–18).

Seite 79 oben

Nr. 35 (Blatt LX verso)

Im Haus Dagons die erbeutete Bundeslade, davor die umgestürzte Dagonstatue, deren Haupt und Hände auf der Schwelle liegen; vor dem Haus die Philister, deren Priester eine bischöfliche Mitra trägt (1 Sam 5,1 f. 4 f.); auf den Stufen die von Gott als Strafe gesandten Mäuse (ebd. 6,5). Rechts am Rand: Der mit zwei Kühen bespannte neue Wagen mit der Bundeslade, der diese mit den Weihegeschenken zurückbringen soll (ebd. 6,7 f.)

Seite 79 unten

Nr. 36 (Blatt LXIII verso)

Samuel salbt Saul zum König (1 Sam 10,1).

Nr. 37 (Blatt LXIX verso)

Samuel salbt den von seinen sieben Brüdern umgebenen David, neben dem seine Harfe liegt (1 Sam 16,18. 23), zum König (ebd. 16,13); am rechten Rand, klein: Davids Harfenspiel bei den Schafen (ebd. 16,18 f.).

Seite 82–83

Nr. 38 (Blatt LXXXII verso)

Saul versucht, den Harfe spielenden David an die Wand zu spießen (1 Sam 19,9 f.). Dahinter Davids Haus, aus dem ihn seine Frau Michal durchs Fenster herunterlässt, während unten Sauls Abgesandte (über ihnen im Türsturz das Monogramm „MS") Wache halten (ebd. 19,11 f.). Links Jonathans Warnung an David durch seine Pfeilschüsse; der Knabe bringt Jonathan einen Pfeil zurück (ebd. 20,20–22. 35–38), davor David und Jonathan (ebd. 20,41 f.).

Nr. 39 (Blatt LXXIIII verso)

Der Priester Abimelech übergibt David – hinter ihm seine Krone und Harfe – Goliaths Schwert; vorne rechts ein Krieger mit den vom Priester übergebenen Schaubroten; hinter der Säule ist der Verräter Doeg sichtbar (1 Sam 21,1–9).

NR. 40 (BLATT LXXVIII VERSO)

David – auf dem Boden seine Harfe, hinter ihm Abisai – zeigt aus der Ferne („auf des Berges Spitze“) Saul und dessen Feldhauptmann Abner den Spieß und Wasserbecher, den er dem in der Wagenburg schlafenden Saul in der Nacht entwandt hatte. Links unten der Jüngling, der den Spieß zurückholen soll (1 Sam 26,6 f. 13–22).

Nr. 41 (Blatt LXXXI verso)
Im Kampf gegen das Heer der Philister (linke Bildseite) wird Saul vom Pfeil eines Schützen (links unten am Rand) an der Schulter verwundet und stürzt sich – ebenso wie sein Waffenträger – ins Schwert (1 Sam 31,3–5).

Nr. 42 (Blatt LXXXVIII recto)

David sieht von seinem Palastdach aus, wie sich Urias Weib BathSeba wäscht (2 Sam 11,2 f.). Im Türgiebel am rechten Rand das Monogramm „MS".

Seite 88–89

Nr. 43 (Blatt XCIIII recto)

Davids Hauptmann Joab durchbohrt den mit seinen Haaren an einer Eiche hängen gebliebenen Absalom mit einem Spieß (2 Sam 18,9–14).

Nr. 44 (Blatt CIII verso)

Das Salomonische Urteil. Im Vordergrund ist ein Diener dabei, das Kind mit dem Schwert zu teilen (1 Kön 3,16–27).

Nr. 45 (Blatt CV recto)

Salomos Tempel (1 Kön 6,2–10 und 7,15–22).

Seite 91

Nr. 46 (Blatt CV verso
[richtig wäre Blatt CVI verso])

Salomos Palast (1 Kön 7,1–12).

Seite 92

Nr. 47 (Blatt CVII recto)

Salomos Tempel (1 Kön 6,2–10 und 7,15–22); Wiederholung von Holzschnitt Nr. 45.

Seite 93 oben

Nr. 48 (Blatt CVII verso)

Das eherne Meer (1 Kön 7,23–26). Links unten die Jahreszahl 1534.

Seite 93 unten

Nr. 49 (Blatt CVIII recto)

Das „Gestühl" mit vier Rädern und dem Kessel, an der Vorderseite mit Cherubim, Löwen und Palmen verziert (1 Kön 7,27–39).

1534

Seite 94–95

NR. 50 (BLATT CXI VERSO)

König Salomo auf seinem Thron (1 Kön 10,18–20).

NR. 51 (BLATT CXVIII VERSO)

Rechts am Rand haben seine Propheten Baal vergeblich um Feuer für ihr Brandopfer angerufen (1 Kön 18,25–29). Vorne Elia vor dem aus zwölf Steinen errichteten Altar, den er mit Wasser hat begießen lassen (vorne links die vier Krüge); auf sein Gebet hin fällt „das Feuer des HERRN" vom Himmel herab (ebd. 18,30–38). Links vom Altar das auf sein Angesicht gefallene Volk (ebd. 18,39). Links im Hintergrund: Hinrichtung der Baalspropheten durch Elia (ebd. 18,40). Rechts oben: Elia auf des Karmels Spitze zur Erde gebückt; links von ihm hält sein Knabe Ausschau nach der kleinen Regenwolke (über dem Meer links unterhalb der Flamme) (ebd. 18,42–44; vgl. ebd. 17,1. 7).

Seite 98–99

Nr. 52 (Blatt CXXIII recto)

Rechts der Wagen mit König Ahab von Israel, von einem syrischen Bogenschützen tödlich getroffen, daneben der Wagen König Josaphats von Juda (1 Kön 22,31–34). Im Hintergrund: Ahabs blutiger Wagen wird gewaschen, Hunde lecken sein Blut (ebd. 18,38).

Nr. 53 (Blatt CXXIIII verso)

Elias Himmelfahrt im feurigen Wagen. Im Hintergrund: Die „50 Männer unter der Propheten Kinder“ (2 Kön 2,7). Vorne rechts sitzt Elisa am Jordan, durch den Elia mit seinem zusammengewickelten Mantel (in der linken Ecke) für sie beide einen trockenen Weg gebahnt hatte (ebd. 2,8–11).

Nr. 54 (Blatt CXXVI verso)

Elisa vermehrt das Öl der Witwe und ihrer beiden Söhne, die Gefäße von den Nachbarinnen herbeiholen (2 Kön 4,1–5).

Seite 102–103

Nr. 55 (Blatt CXXIX verso)

Erfüllung von Elisas Weissagung von dem wohlfeilen Getreide. Der König (rechts vom Turm) sendet auf die Botschaft von der Flucht der Syrer unter Hinterlassung aller ihrer Vorräte im Lager (links oben) seinen Ritter, „auf welches Hand er sich lehnte“, hinunter ans Tor, wo er gemäß Elisas Voraussage (rechts unten) von der Menge zertreten wird (2 Kön 7).

Nr. 56 (Blatt CXXXII recto)

Im Hintergrund schießt König Jehu auf den flüchtigen König Joram (2 Kön 9,21–24). Im Vordergrund: Jehu lässt Jorams Mutter Isebel durch Kämmerer aus dem Fenster stürzen; Hunde fressen ihr Fleisch (ebd. 9,30–36).

Nr. 57 (Blatt CXXXVIII verso)

Die Assyrer unter König Salmanesser führen nach Eroberung der Stadt Samaria die Einwohner gefangen hinweg (2 Kön 17,3–6).

Nr. 58 (Blatt CXLIIII verso)

Eroberung Jerusalems durch die Chaldäer unter König NebucadNezar (2 Kön 25,1–4).

Seite 106–107

Nr. 59 (Blatt CXCVIII verso)

Wiederaufbau der Mauern Jerusalems unter dem Schutze Bewaffneter durch Jünglinge mit umgegürtetem Schwert (Neh 4,16–18).

Der dritte Teil
des Alten Testaments

Seite 110–111

Nr. 60 (Blatt II verso; neue Blattzählung)

Hiob, mit Schwären bedeckt, umgeben von seinen drei Freunden, seiner Frau und einem Knecht, der eine neue Unglücksbotschaft verkündet (Ijob 2,7–13). Im Hintergrund die vier Prüfungen. Links: Feuer vom Himmel verzehrt Hiobs Schafe samt den Knaben; in der Mitte: Feinde rauben die pflügenden Rinder und weidenden Eselinnen und töten die Knaben, andere nehmen die Kamele und erschlagen gleichfalls die Knaben, während (rechts) ein Sturm das Haus seines Bruders zerstört, wobei seine Söhne und Töchter umkommen (ebd. 1,14–19).

Nr. 61 (Blatt XVIII verso)

David als Psalmensänger mit der Harfe in einem Zimmer mit Butzenscheiben, rechts von ihm seine Krone, links der aufgeschlagene Psalter.

Die Propheten

Seite 115

Nr. 62

Zwischentitelblatt (Wiederholung des Haupttitelblattes) mit neuem Text: „Die Propheten alle Deudsch. D. Mar. Luth. Gedruckt zu Wittemberg durch Hans Lufft. M.D.XXXIIII."

Seite 116 oben

Nr. 63 (Blatt I recto; neue Blattzählung)

Jesajas Berufungsvision. In der Mitte thront Gottvater, von Seraphim umgeben, über dem Tempel, den er von oben her mit seinem Mantel bedeckt und aus dem Rauchwolken emporquellen. Im Vordergrund links berührt ein Seraph mit einer in einer Zange gehaltenen glühenden Kohle Jesajas Mund, um ihn zu entsühnen; rechts predigt Jesaja zu den Verstockten (Jes 6,1–10). Im Hintergrund links ist die Kreuztragung und Golgatha (ebd. 53,7 f.; vgl. Apg 8,30 bis 35) zu sehen, rechts das Gleichnis vom unfruchtbaren Weinberg (Jes 5,1–7).

Seite 116 unten

Nr. 64 (Blatt XXXV verso)

Jeremia mit dem hölzernen Joch (Jer 28,13) fordert König Zedekia auf, sich dem Joch des Königs von Babylon zu unterwerfen (ebd. 27,2–11). Rechts oben: Gott in den Wolken von einer Engelschar umgeben erteilt Jeremia diesen Auftrag (ebd. 27,1). Am unteren Rand (rechts neben dem Buch) die Jahreszahl 1534.

Nr. 65 (Blatt LXIIII recto)

Der von der Gloriole umgebene Prophet Jeremia wird wegen seiner Reden an Seilen in die Schlammgrube hinuntergelassen (Jer 38,6).

Nr. 66 (Blatt LXXXI recto)

Gott erscheint dem Propheten Hesekiel am Wasser Chebar (Hes 1. Kap.). Gottvater auf einem Stuhl in einer Gloriole wie ein Regenbogen, darunter die Erscheinung der vier „Tiere" (Adler, Ochse, Löwe, Mensch) und der vier Räder in einer feurigen Wolke.

Nr. 67 (Blatt CV recto)

Die Erweckungsvision. Gott erteilt Hesekiel den Auftrag, zu den Gebeinen zu sprechen (Hes 37,3–6): „Siehe, ich will einen Odem in euch bringen/das jr sollt lebendig werden“, den dieser dann – zu den Toten gewandt – ausführt (ebd. 37,7 f.). In den vier Bildecken die Darstellung der vier Winde (ebd. 37,9).

Nr. 68 (Blatt VIII recto; neue Blattzählung)

Der Traum NebucadNezars (Dan 2,31–35) von der „güldenen Zeit" bis zur Zerstörung seines Reiches; rechts Daniel im Schlafgemach bei der Deutung.

Nr. 69 (Blatt IX verso)

Der Traum des NebucadNezar mit dem von einem großen Stein bedrohten Bild der Zukunft des Reiches (Dan 2,31–35).

Seite 122–123

Nr. 70 (Blatt X verso)

Die drei Männer im Feuerofen zusammen mit dem Engel bleiben inmitten der Flammen unversehrt, während die das Feuer schürenden Diener umkommen (Dan 3,19–25). Links: NebucadNezar mit seinen Räten, im Hintergrund das von der Menge angebetete „güldene Bild" (ebd. 3,1 ff.).

Nr. 71 (Blatt XIIII recto)

Die Weltkarte als Daniels Traum (Dan 7,2–8). Man beachte das größere Format dieses Holzschnitts, der bereits 1530 vom Monogrammisten MS für Luthers „Heerpredigt wider die Türken“ (beim Drucker Nikolaus Schirlentz) angefertigt worden war.

Nr. 72 (Blatt XIX verso)

Hoseas Predigt vor einer Waldlandschaft, im Hintergrund eine Stadt. Hinter dem Zaun eine Darstellung der Überwindung des Todes (Golgatha mit Longinus mit dem Speer) durch die Auferstehung; vor einer Grabplatte der auferstandene Christus mit der Siegesfahne (Hos 13,14 = 1 Kor 15,54 f.).

Seite 127 oben

Nr. 73 (Blatt XXV verso)

Auf einem Marktplatz predigt Joel von einem Podest aus. Unter Bezugnahme auf die Weissagung in Joel 3,1–5 (vgl. Apg 2,16–21) rechts die Darstellung des Pfingstwunders (mit der Taube des Heiligen Geistes und den „Zungen zerteilet, als wären sie feurig" [Apg 2,1–4]).

Seite 127 unten

Nr. 74 (Blatt XXVIII verso)

Am Stadttor richtet Amazia (als katholischer Geistlicher gekleidet) an den „Aufrührer" Amos (in Hirtenkleidung) die vergebliche Aufforderung, Bethel zu verlassen (Am 7,10–17). Im Hintergrund die Amos-Visionen: Die Heuschreckenplage und das Feuer nebst Amos als Fürbitter vor Gott, der in der Hand eine Bleischnur trägt (ebd. 7,1–9).

Nr. 75 (Blatt XXXIII verso)

Von einem Fährmann abgesetzt, droht Obadja den Edomitern (Obd 1–16); oben vor dem Burgtor „in den Felsenklüften" (ebd. 3) stehen drei Zuschauer.

Seite 130–131

Nr. 76 (Blatt XXXV recto)

Die Geschichte des Propheten Jona: Links am Rand: Gottes Befehl an Jona zur Predigt in Ninive (Jona 1,1 f.). In der Mitte: Jona auf der Flucht vor Gott (ebd. 1,3). Rechts: Die Schiffer werfen das „Gerät" im Sturm über Bord, um das Schiff zu erleichtern (ebd. 1,5); Jona wird ins Meer geworfen, wo ihn der Fisch verschlingt (ebd. 1,15;2,1). Links unten am Rand: Der Fisch speit Jona aus (ebd. 2,11). Links oben: Ninive (mit einer großen Kathedrale) und die Predigt des Jona (ebd. 3,1 ff.). Im Hintergrund in der Mitte: Jona in der verdorrenden Kürbishütte und Gott in der Wolke (ebd. 4,5–11).

Nr. 77 (Blatt XXXVII verso)

Micha predigt vor dem Stadttor zu Fürsten und Geistlichen. Nach Micha 5,1 (zitiert Mt 2,5 f.) sind links im Hintergrund die Hirten auf dem Felde mit ihren Schafen und dem Verkündigungsengel sowie davor die Herberge mit der heiligen Familie, zwei Hirten und dem Stern (im Hintergrund Bethlehem) dargestellt.

NR. 78 (BLATT XLI VERSO)

Hafenszene in der Stadt Ninive und Nahums Predigt gegen die Sünden dieser Stadt (Nah 2 und 3).

Seite 134–135

NR. 79 (BLATT XLIIII RECTO)

Habakuks Zeugnis vor König und Volk; Hans Volz, *Anhang und Dokumente*, weißt S. 155 darauf hin, dass diese nicht dem Bibeltext zu entnehmende Illustration an Luthers Auftreten vor dem Wormser Reichstag erinnern soll, und zitiert dazu Luthers Auslegung zu Hab 2,1 von 1526: „Darumb stehe ich als einer, der auff der festen warte und hut stehet und fichtet, so hüte und fechte ich auch starck und feste fur die schwachen ym glauben widder euch ungleubigen und verzagten. Und stehe also, das yhr mich nicht solt umbstossen. Denn ich stehe auff der feste, das ist, ich habe Gotts wort fur mich, darauff ich mich verlasse und gleube, darumb ich auch rede und predige den andern. Solchs ist ... hoch von nöten, wenn das volck zaget, das der Prophet ja feste stehe auff seim wort, feste anhalte, nicht weiche noch wancke widder [= weder] umb des unglucks willen noch umb des unglaubens, murrens, lesterns willen ym volck“ (WA Bd. 19, S. 388, 9–18).

Nr. 80 (Blatt XLVI verso)

Zefania predigt vor der Stadt Jerusalem gegen (die im Bild dargestellten) Fürsten, Richter, Propheten und Priester (Zef 3,3 f.). Nach Zef 3,9 f. ist auf der rechten Bildseite die Aussendung der Apostel (mit Heiligenschein) dargestellt.

Nr. 81 (Blatt XLIX recto)

Mahnrede Haggais zu den unter einem Baum sitzenden Personen, dem fürstlich gekleideten SeruBabel und dem Hohenpriester Jesua (Hag 1,1) betreffs des Tempelbaus (ebd. 1,8).

Nr. 82 (Blatt LI recto)

Im Vordergrund der predigende Sacharja (Sach 7,4 ff.). Im Mittelgrund: Einzug Christi, auf einem Esel (daneben das „Füllen der Eselin"; nach Sach 9,9 = Mt 21,4 f.) reitend, in Jerusalem; ein auf dem Baum Sitzender wirft einen Zweig auf den Weg (Mt 21,8). Oben in den Wolken rechts: Investitur des Hohenpriesters Josua (Sach 3,3–5); in der Mitte: Gott und der „Zemah" (ebd. 3,8; 6,12); links: In einem Myrtenhain fünf Engel zu Pferde (ebd. 1,7–17).

Seite 139 oben

Nr. 83 (Blatt LVII verso)

Maleachis Predigt gegen gesetzwidrige Opfer wird verdeutlicht durch den Bauern (rechts), der ein Opferlamm trägt (Mal 1,7 ff., insbes.14). Entsprechend der auf Johannes den Täufer gedeuteten Weissagung (Mal 3,1 = Mt 11,10; Mk 1,2) ist dieser links im Hintergrund (mit dem Heiligenschein), aus dem Jordanwasser steigend, dargestellt, wie er auf den rechts abgebildeten Christus hinweist.

Seite 139 unten

Nr. 84 (Blatt VIII verso; neue Blattzählung)

Judith tritt mit dem Zeltvorhang über dem Arm und mit Holofernes' abgeschnittenem Haupt aus dem Zelt zu ihrer den Sack aufhaltenden Magd; im Zelt liegt der tote Holofernes auf der Erde (Jdt 13,9 f.).

Seite 140–141

Nr. 85 (Blatt XXIIII recto)

Nachdem (links im Hintergrund) der alte Tobias nachts heimlich Tote begraben hatte, erblindet er an der Hofwand liegend; um ihn stehen seine Freunde und sein junger Sohn Tobias, während seine Frau mit einer jungen Ziege zur Tür hereinkommt (Tob 2,10–20).

Seite 142 oben

Nr. 86 (Blatt LXVI verso)

Die nur mit Schwertern ausgerüsteten Juden unter Judas Makkabäus besiegen Gorgias' Heer (Gorgias rechts vorn). Links im Hintergrund das brennende feindliche Lager (1 Makk 4,1–20).

Seite 142 unten

Nr. 87 (Blatt XCII recto)

Im Vordergrund der vom Wagen gestürzte Antiochus, dem Maden aus dem Leib wuchsen und der übel stank (2 Makk 9,7–9). Im Mittelgrund: Antiochus in der Sänfte mit dem an die Juden gerichteten Brief (ebd. 9,18 ff.).

Nr. 88 (Blatt CII recto)

Susanna wird von den beiden Ältesten bedrängt. Im Mittelgrund öffnet einer von ihnen die Tür, um das Gesinde hereinzulassen (Historia von der Susanna 16–27). Links: In der Gerichtsverhandlung verhört Daniel (mit Heiligenschein) den einen Ältesten; der andere wird im Vordergrund von zwei Dienern bewacht (ebd. 51–55). Rechts im Hintergrund: Die beiden Ältesten werden gesteinigt (ebd. 62). Auf der Mauer in der Mitte die Jahreszahl 1533.

Das Neue Testament

Seite 145

Nr. 89

Zwischentitelblatt (Wiederholung des Haupttitelblattes) mit neuem Text: „Das Newe Testament. D. Mart. Luth. Wittenberg. M.D. XXXIIII".

Seite 146–147

Nr. 90 (Blatt I recto; neue Blattzählung)

Der Evangelist Matthäus sitzt in einem Garten am Tisch mit Schreibgerät, ihm gegenüber sein Attribut, der Engel, der das Geschriebene gegenliest.

Seite 148–149

Nr. 91 (Blatt XXII verso)

Der Evangelist Markus, von den Strahlen des Heiligen Geistes erleuchtet, sitzt schreibend in seinem Zimmer; links sein Symboltier, der Löwe.

Nr. 92 (Blatt XXXVI recto)

Der Evangelist (und nach der Legende auch Maler) Lukas blickt durch das geöffnete Fenster mit Butzenscheiben auf den Gekreuzigten; auf der linken Fensterbank und der davor stehenden Bank Malutensilien, in der Ecke eine Staffelei; davor Lukas' Attribut, der Stier.

Nr. 93 (Blatt LIX recto)

Der Evangelist Johannes mit seinem Attribut, dem Adler, erleuchtet durch den ihm in den Wolken erscheinenden Christus. Über dem Stadttor das Monogramm: „MS“.

Nr. 95 (Blatt CV recto)

Paulus verabschiedet Phoebe (Röm 16,1).

Seite 153 oben

Nr. 96 (Blatt CXV verso)

Paulus übergibt in seinem Zimmer mit Butzenscheiben dem Boten einen Brief (an die Korinther); ein zweiter Bote wartet auf der Bank. Neben Paulus auf der Erde liegt sein Attribut, die zwei Schwerter.

Seite 153 unten

Nr. 101 (Blatt CLIX recto)

Petrus (auf dem Tisch der Schlüssel) übergibt einem Boten einen Brief. Die Fensterumrahmung rechts trägt das Monogramm: „MS“ und die Jahreszahl: „32“.

Die Offenbarung

Seite 156–157

Nr. 103 (Blatt CLXXXIIII recto)

Zwischen sieben Leuchtern steht eine Gestalt mit langem, gegürtetem Gewand, feurigen Augen, sieben Sternen in der Rechten und einem vom Mund ausgehenden Schwert; vor ihr ausgestreckt liegt Johannes (Offb 1,12–17).

Seite 158–159

Nr. 104 (Blatt CLXXXV verso)

In der Mitte thront eine von einem Blitze aussendenden Regenbogen und den vier Tieren (vgl. o. Hes 1,10) umgebene Gestalt, die dem Lamm ein Buch übergibt; links ein Engel. Im Vordergrund der kniende Johannes und 24 weiß gekleidete kniende Älteste, die ihre Kronen abgesetzt haben und Harfen und Räucherwerk in der Hand halten (Offb 4,2–10; 5,2.6–8).

Seite 160–161

Nr. 105 (Blatt CLXXXVI verso)

Die vier apokalyptischen Reiter. Hans Volz, S. 158, weist darauf hin, dass der erste – im Gegensatz zur bisherigen Darstellung als „Obrigkeit" – hier als Türke mit dem Krummschwert, der zweite als „Krieg und Blut", der dritte mit der Waage als „teure Zeit und Hunger" und der vierte mit der Sense als „Pestilenz und Drüse [Beulenpest]" mit dem Höllenrachen hinter ihm (Offb 6,1–8) dargestellt wird.

Nr. 106 (Blatt CLXXXVII recto)

Die Märtyrer unter dem Altar (Offb 6,9–11).

Nr. 107 (Blatt CLXXXVII verso)
Verfärbung von Sonne und Mond, Herabfallen der Sterne, Erdbeben. Die Menschen suchen Schutz in den Klüften (Offb 6,12–17).

**Nr. 108 (Blatt CLXXXVI recto,
[richtig wäre CLXXXVIII])**

In der Bildmitte die Versiegelung der 144 000 durch einen Engel; rechts und links davon vier Engel, die die Winde aufhalten sollen, darüber schwebend ein Engel, der den andern verbietet, die Erde zu beschädigen. Über den Wolken in der Mitte Gott mit dem Lamm und den vier Tieren; zur Rechten die erlösten Heiden mit Palmzweigen, zur Linken die Engel und die Ältesten mit Harfen (Offb 7,1–11).

Nr. 109 (Blatt CLXXXVI verso, [richtig wäre CLXXXVIII])

Neben Gott sehen wir sieben Engel mit Posaunen. Der Engel vor dem Altar räuchert mit einem Rauchfass und schüttet es, mit Feuer vom Altar gefüllt, unter Blitzen, Donner und Erdbeben auf die Erde (Offb 8,2–6).

Seite 166–167

Nr. 110 (Blatt CLXXXVIII recto).

Die erste Posaune: Hagel und Feuer, mit Blut gemengt, fällt auf die Erde (Offb 8,7).

Seite 168–169

Nr. 111 (Blatt CLXXXVIII verso)

Die zweite Posaune: Ein großer brennender Berg fällt ins Meer (Offb 8,8 f.).

Nr. 112 (Blatt CLXXXVIII verso)

Die dritte Posaune: Ein großer Stern namens Wermut fällt ins Wasser (Offb 8,10 f.).

Seite 171 oben

Nr. 113 (Blatt CLXXXIX recto)

Die vierte Posaune: Der dritte Teil der Sonne, des Mondes und der Sterne verfinstert sich. Der durch den Himmel fliegende Engel ruft: „Weh, Weh, Weh" (Offb 8,12 f.). Luthers Übersetzung „Engel" statt des traditionellen „Adler" beruht auf der von ihm benutzten griechisch-lateinischen Ausgabe des Erasmus (1516/19).

Seite 171 unten

Nr. 114 (Blatt CLXXXIX verso)

Die fünfte Posaune: der Heuschreckenbrunnen (Offb 9,1–12).

VE VE
VE

Nr. 115 (Blatt CXC recto)

Die sechste Posaune: die Würgeengel und Löwenreiter (Offb 9,14–21).

Seite 174 oben

Nr. 116 (Blatt CXC verso)

Der Engel mit Füßen aus „Feuer-Pfeilern" gibt Johannes das Buch zum Verschlingen (Offb 10,1–10).

Seite 174 unten

Nr. 117 (Blatt CXCI recto)

Messung des Tempels Gottes durch Johannes. Die zwei Zeugen (mit Feuerzungen). Das Tier aus dem Abgrund (mit der päpstlichen Tiara wie im *September-Testament* von 1522) (Offb 11,1–8).

Seite 176–177

Nr. 118 (Blatt CXCII recto)

Die siebente Posaune: die Bundeslade als „Stuhl" Gottes. Das mit der Sonne „bekleidete" Weib auf der Mondsichel und der rote Drache mit sieben gekrönten Häuptern. Streit Michaels und seiner Engel mit dem Drachen (Offb 11,15.19; 12,1–7).

Seite 178–179

Nr. 119 (Blatt CXCII verso)

Das siebenköpfige Tier aus dem Meer mit zehn gekrönten Hörnern, das von den Menschen angebetet wird, und das Tier aus der Erde mit zwei Lammshörnern und Mönchskappe und -kapuze (Offb 13).

Nr. 120 (Blatt CXCIII recto)

Das Lamm mit den 144000. Über den Wolken Gott auf seinem Thron mit den vier Tieren und umgeben von Harfe spielenden Engeln. Die drei gute und böse Botschaften bringenden Engel (mit dem Buch = „ewig Evangelium", mit Trauben = „Wein der Hurerei" und Kelch mit Feuerflamme = „Zorns Kelch"). Babylons Fall (als Rom durch Kolosseum und Laterantreppe charakterisiert; Offb 14,1–13).

Nr. 121 (Blatt CXCIIII recto)

In der Mitte: Eine gekrönte Gestalt mit einer Sichel, rechts und links Engel, von denen einer ein Sichelmesser (Hippe) trägt. Unten Getreideernte und Traubenlese mit der Blutkelter (Offb 14,14–20).

Seite 182–183

Nr. 122 (Blatt CXCIIII verso)

Sieben Engel gießen die Schalen des göttlichen Zorns aus. Vorne rechts: Auf dem Stuhl das Tier mit der dreifachen Papstkrone, aus dessen Mund Frösche hervorkommen (Offb 16,1–21).

Seite 184–185

Nr. 123 (Blatt CXCV verso)

Auf dem siebenköpfigen Tier mit den zehn Hörnern sitzt die große Hure von Babylon, reich gekleidet mit der dreifachen Papstkrone auf dem Haupt und einem goldenen Becher voll Gräuel in der Linken (Offb 17,1–18).

Seite 186–187

Nr. 124 (Blatt CXCVI recto)

Könige und Vornehme klagen über den Fall Babylons. Der Engel mit dem Mühlstein (Offb 18,1–24).

Seite 188–189

Nr. 125 (Blatt CXCVII verso)

Links im Hintergrund besiegt der mit vielen Kronen gekrönte Reiter „Treu und Wahrhaftig“ auf einem weißen Pferd und mit einem Schwert, das aus seinem Munde hervorgeht, an der Spitze des himmlischen Heeres die Heiden; der an ihrer Spitze reitende „falsche Prophet“ wird zusammen mit dem siebenköpfigen Tier in den feurigen Pfuhl geworfen. Ein Engel ruft die Vögel herbei, damit sie das Fleisch der Gefallenen fressen (Offb 19,11–21).

Seite 190–191

Nr. 126 (Blatt CXCVIII recto)

Der Engel mit dem Schlüssel zum Abgrund bindet den Drachen auf tausend Jahre (Offb 20,1–3).

Nr. 127 (Blatt CXCVIII verso)

Der Krieg von „Gog und Magog“ [„Das sind die Türken“] gegen „das Heerlager der Heiligen und die geliebte Stadt [Wien]“ (Offb 20,7–9).

Nr. 128 (Blatt CXCIX recto)

Das neue Jerusalem, das ein Engel von einem hohen Berg aus dem Johannes zeigt (Offb 21,9–27).

Seite 194–195

Terra Sancta quae in Sacris Terra Promissionis olim Palestina – Das Heilige Land, das in der Heiligen Schrift „Gelobtes Land" genannt wird, ehemals Palästina, aus: Joan Blaeu, *Atlas maior*, Bd. X, Amsterdam 1665

Auf der Karte sind einige der biblischen Orte hervorgehoben. Die Kartusche wird von Aaron und Moses flankiert, der die Steintafeln mit den zehn Geboten hält; im Mittelmeer ist der Schiffbruch des Jonas mit dem Walfisch dargestellt; im Roten Meer ertrinkt die Armee des Pharaos; am Sinai ist die Route des 40 Jahre dauernden Zugs der Israeliten wiedergegeben, und am Fuße des Berges Sinai ist ihr Lager unübersehbar abgebildet.

Diese Karte ist nicht genordet. Dies kommt bei historischen Karten immer wieder vor, denn aufgrund der geographischen Ausdehnung des Landes wurde das Papierformat effektiver genutzt, indem man die Ausrichtung der Karte veränderte.

Horae itineris.
3
6
9
12
MARE
ÆGYPTICUM
MARE
Persii specula
Milesiorum
Castra
Sebennytus
Butos
Cabasa
Xois
Tava
Nicy
Thmuis
Mendetis
Themuis
Atribis
Leontopolis
Diospolis
Busiris
Delta
Cinospolis
Tanis
Taphnis H.
Metropolis Ægypti
Heraclea
Tamiatis
Lichnos
Pelusium
H. Zin
Pentascenum
Pelusiacum ost:
Pathmeticum ost:
Mendesium ost:
Dioleos ost:
Dioleos
Pineptimi ost:
ÆGYPTUS
Terra Gosen
PARS
Pithon
Pharbetus
Phacusa
Philon
Magdalon
Cairus
Babilon Ægipti
Horti Balsami
Rameses
Exod 12
Bubastus
Phibeseth
Scene vetus
Tanbas
Tan
Scene
Suchoth
Traianus
Aphrodinopolis
Pharao prosequitur Israelem
Etham
Via publica Philistorum
Pagus Israelitarum
Mons Casius
Ostracine
Rinocorura
Larissa
Pompei Sepulchrum
Desertum Zur
Heroum
Desertum Etham
Zur aut Zues
Hairoth
Ebene
Baalzephon
Magdalus
Dane
Fontes Amari
Troicus mons ex quo Pyramides
Arsinoe Cleopatris
Clisma
Thebais Desertum
Castra prope Mare
MARE
RUBRUM
Drepanum prom
Saspierene
Pharan prom
Etham
Gasa
Desertum Bersabe
Heb
Judäa
Gomorr
Habitatio Ismaelis
Fons fiborum Iocan
Lautudo Pharan
Haceroth hic mansit Israel propter Miriam 7. dies
Miriam excluditur castris
Zepher Mons
Desertum Cades
Cades Barnea
Coturnices mari advolantes ad Castra super volant terris
Sepulchra Cupiditatis
Extremum Castrorum igne consumitur
Desertum Edomiteum
Bosra
Theman
TERRA EDOMITARU
Hor
Gebiet der Edomiter
Berg Sinai
Sinai
Horeb
Desertum Zin
Elim
Mara
Moyses
Bellum contra Amalecitas
Desertum Raphidim
Salmona
Zin
Pharan
Rotes Meer
Amalechi
Phunon
Adron
Campus Elaths
Elath
Eziongaber
Evila Desertum
AMA
Madian
Terra Madian
Ammana
Cinei

TERRA SANCTA
quae in Sacris
Terra Promissionis olim
PALESTINA
Amstelodami
Ex officina Guiljelmi Blaeuw 1629
MEDITERRANEUM
MARE SYRIACUM
Occidens
Septentrio
Meridies
Oriens
Thimnath
Kana
Nazareth
Emmaus
Samaria
Bethel
Jerusalem
Jericho
Jordan
See Genezareth
Sodom
Damaskus
MARE GALILEÆ
EPHRAIM
BENIAMIN
NEPTALIM
ASER
GAD
RUBEN
MOABITÆ
AMMONITÆ
CELESYRIA
BETANIA
ARABIA PETROSA
Terra Syro Phœnicia
REGNUM BASAN
TRACONITIS
Regnum Zoba
Terra Tob
Terra Gilead
Hesbon
Damascus

Bibliografie

Quellen (chronologisch)

Giant Bible. Mainz um 1452. Ex.: Library of Congress, Washington

Gutenberg-Bibel. Mainz um 1454. Ex.: SUB Göttingen, Sign.: 2° BiBlatt II

Mentelin-Bibel. Straßburg 1466. Ex.: SUB Göttingen, Sign.: 2° BiBlatt II, 201

Eggestein-Bibel. Straßburg [nicht nach 1470]. Ex.: SUB Göttingen, Sign.: 2° BiBlatt II, 200

Zainer-Bibel. Augsburg 1475. Ex.: SUB Göttingen, Sign.: 2° BiBlatt II, 204 Inc.

Niederdeutsche Bibel. Köln 1478/79. Ex.: SUB Göttingen, Sign.: 2° BiBlatt II, 212

Koberger-Bibel. Nürnberg 1483. Ex.: SUB Göttingen, Sign.: 2° BiBlatt II, 208

Schönsperger-Bibel. Augsburg 1490. Ex.: SUB Göttingen, Sign.: 4° Mulert 155:1

Biblia niederdeutsch. Lübeck 1494. Ex.: SUB Göttingen, Sign.: 2° BiBlatt II, 214

Biblia italienisch. Von Niccolò Malermi. Venedig: Wendelin von Speyer 1471. Ex.: SUB Göttingen, Sign.: 2° BiBlatt II, 4973

Erasmus von Rotterdam: *Novum Instrumentum Graece*, Basel 1516. Ex.: SUB Göttingen, Sign.: 4° Mulert 135

Martin Luther: *Die Sieben Bußpsalmen.* Leipzig: Jakob Thanner 1519. Ex.: SUB Göttingen, Sign.: 4° Aut. Luth. 224

Leo X. Papa: *Bulla contra errores Martini Lutheri et sequacium.* Rom: Jacobus Mazochius 1520. Ex.: SUB Göttingen, Sign.: 8° Multert 81 (5)

Martin Luther: *An den Christlichen Adel teutscher Nation.* Wittenberg: Melchior Lotter d. J. 1520. Ex.: SUB Göttingen, Sign.: 8° Multert 506 (7)

Martin Luther: *Von der Babylonischen gefengknuß der Kirchen Straßburg*: Schott 1520. Ex.: SUB Göttingen, Sign.: 4° Aut. Luth. 84

Martin Luther: *Von der Freyheyt eyniß Christenmenschen.* Wittenberg: Johann Rhau-Grunenberg 1520. Ex.: SUB Göttingen, Sign.: 8° Aut. Luth. 319

[Luther]: *Das Newe Testament Deutzsch.* Wittenberg 1522 [sog. *September-Testament*]. Ex.: SUB Göttingen, Sign.: 4° BiBlatt II, 1922 Rara

Das Dezember-Testament. Wittenberg: Melchior Lotter d. J. 1522. Ex.: SUB Göttingen, Sign.: 4° BiBlatt II, 1929 Rara

Der 1. Teil des lutherischen Alten Testaments. Wittenberg: Christian Döring und Lucas Cranach d. Ä. 1524. Ex.: SUB Göttingen, Sign.: 4° BiBlatt II, 1300: zu 1

Das Ander theyl des alten testaments. Wittenberg: Christian Döring und Lucas Cranach d. Ä. 1524. Exemplar: SUB Göttingen, Sign.: 4° BiBlatt II, 1300 zu 2

Hans Sachs: *Disputation zwischen einem Chorherren und Schuhmacher.* S. l. 1524. Ex.: SUB Göttingen, Sign.: 8° Hist. Eccl. Eccl. 370/11

Hans Sachs: *Ein neuer Spruch, wie die Geistlichkeit und etlich Handwerker über den Luther klagen.* Einblattdruck. Nürnberg: Hieronymus Höltzel 1524. Ex.: Germanisches Nationalmuseum, Nürnberg, Sign.: HB 26

Die Grundtlichen vnd rechten haubt Artickell. Erfurt: Wolfgang Stürmer 1525. Ex.: SUB Göttingen, Sign.: 8° Hist. Germ. VII, 2409

Martin Luther: *Ein Sendbrieff von Dolmetschen.* Wittenberg: Georg Rhau 1530. Ex.: SUB Göttingen, Sign.: 4° Aut. Luth. 1196

Die Dietenberger-Bibel. *Biblia beider Allt vnnd Newen Testamenten.* Köln: Peter Quentel. Mainz: Peter Jordan 1534. Ex.: SUB Göttingen, Sign.: 2° BiBlatt II, 214

Der Kleine Katechismus. Martin Luther: Enchiridion. Wittenberg: Nickel Schirlentz 1536. Ex.: SUB Göttingen, Sign.: 4° Aut. Luth. 1432

Ausgabe letzter Hand. Biblia: das ist: Die gantze Heilige Schrifft: Deudsch Auffs New zugericht. D. Mart Luth. Wittemberg 1541. Ex.: HAAB Wolfenbüttel, Sign.: Bibel-S. 2° 27 b

Das Bapstsche Gesangbuch. Leipzig: Valentin Bapst 1545. Ex.: SUB Göttingen, Sign.: 8° Poet. Germ II, 2515 Rara

Tischreden oder Colloquia Doctor Martin Luthers. Herausgegeben von Johannes Aurifaber. Eisleben: Urban Gaubisch 1566. Ex.: SUB Göttingen, Sign.: 4° Mulert 102

D. Martin Luther: *Die gantze Heilige Schrifft Deudsch.* Wittenberg 1545. Letzte zu Luthers Lebzeiten erschienene Ausgabe. Hrsg. v. Hans Volz unter Mitarbeit von Heinz Blanke. Textredaktion Friedrich Kur. München: Rogner & Bernhard München 1972

Die Kölner Bibel. 1478/79 [Nachdruck mit Kommentar]. Amsterdam und Hamburg 1979

Das Neue Testament und frühchristliche Schriften. Übersetzt und kommentiert von Klaus Berger und Christiane Nord. Frankfurt a. M. und Leipzig 1999

Forschungsliteratur

Althaus, P.: *Die Theologie Martin Luthers.* 7. Aufl. Gütersloh 1994

Arndt, E./G. Brandt: *Luther und die deutsche Sprache. „Wie redet der Deudsche man jnn solchem fall?“* Leipzig 1983

Benzing, J.: *Die Buchdrucker des 16. und 17. Jahrhunderts im deutschen Sprachgebiet.* 2 Bde. Wiesbaden 1963

Bornkamm, H.: *Luther als Schriftsteller.* Heidelberg 1965

Bruns, A./D. Lohmeier: *Die Lübecker Buchdrucker im 15. und 16. Jahrhundert.* Heide in Holstein 1994

Burkhardt, J.: *Das Reformationsjahrhundert. Deutsche Geschichte zwischen Medienrevolution und Institutionenbildung 1517–1617.* Stuttgart 2002

Doumit, A.: *Deutscher Bibeldruck von 1466–1522.* Studien zur Sprache, Illustration und Buchgestaltung. Diss. Phil. Mainz 1993

Eichenberger, W./H. Wendland: *Deutsche Bibeln vor Luther. Die Buchkunst der achtzehn deutschen Bibeln zwischen 1466 und 1522*. Hamburg 1977. 2. Aufl. 1983

Friedländer, M. J.: *Die Lübecker Bibel*. München 1923

Flachmann, H.: *Martin Luther und das Buch. Eine historische Studie zur Bedeutung des Buches im Handeln und Denken des Reformators*. Tübingen 1996

Füssel, St.: „Luther und die ‚Biblia Deutsch'". In: *Deutsche Literatur. Eine Sozialgeschichte*. Hrsg. v. Horst Albert Glaser. Bd. 2: *Von der Handschrift zum Buchdruck*. Reinbek 1991, S. 329–342 (Grundlage dieser Einführung)

Füssel, St.: *Gutenberg und seine Wirkung*. Frankfurt a. M. und Leipzig 1999

Gier, H./J. Janota: *Augsburger Buchdruck und Verlagswesen. Von den Anfängen bis zur Gegenwart*. Wiesbaden 1997

Junghans, H.: *Der junge Luther und die Humanisten*. Göttingen 1985

Knobloch, P.: *Die Bildinitialen der Augsburger Zainer-Bibel und der Sensenschmidt-Bibel*. Diss. Phil. Greifswald 1916

Kratzsch, K.: *Illuminierte Holzschnitte der Luther-Bibel von 1534*. Eine Bildauswahl. Berlin (Ost); Hanau 1982

Künast, H.-J.: *„Getruckt zu Augsburg". Buchdruck und Buchhandel in Augsburg zwischen 1468 und 1555*. Tübingen 1977

Leonhard, J.-F.: *Biblia*. Katalog. 2. Aufl. Heidelberg 1982

Luthers Sprachschaffen. Gesellschaftliche Grundlagen. Geschichtliche Wirkungen. Hrsg. v. J. Schildt. Berlin (Ost) 1984

Martin Luther und die Reformation in Deutschland. Ausstellung zum 500. Geburtstag Martin Luthers. Germanisches Nationalmuseum, Nürnberg. Katalog, Frankfurt a. M. 1983

Mejer, W.: *Der Buchdrucker Hans Lufft zu Wittenberg*. Leipzig 1923. Nachdruck Nieuwkoop 1965

Moeller, B.: *Deutschland im Zeitalter der Reformation*. Göttingen 2. Aufl. 1981

Moeller, B./K. Stackmann: „Zu Luthers Familiennamen." In: *Martin Luther*. Hrsg. v. H. L. Arnold. München 1983, S. 218–220

Muther, R.: *Die ältesten deutschen Bilderbibeln*. München 1983

Musseleck, K.-H.: *Untersuchungen zur Sprache katholischer Bibelübersetzungen der Reformationszeit*. Heidelberg 1983

Pelikan, J.: *The reformation of the Bible: the Bible of the Reformation*. New Haven & London 1966

Reinitzer, H.: *Was Dolmetschen fur Kunst und Erbeit sey*. Beiträge zur Geschichte der deutschen Bibelübersetzung. Hamburg 1982

Reinitzer, H.: *Biblia deutsch. Luthers Bibelübersetzung und ihre Tradition*. Ausstellungskatalog, Herzog August Bibliothek, Wolfenbüttel 1983

Saurma-Jeltsch, L. E.: *Spätformen mittelalterlicher Buchherstellung. Bilderhandschriften aus der Werkstatt Diebold Laubers in Hagenau*. 2 Bde. Wiesbaden 2001

Hartmann Schedel: *Weltchronik 1493*. Hrsg. u. kommentiert von Stephan Füssel. TASCHEN Köln 2001

Schmidt, Ph.: *Die Illustration der Luther-Bibel, 1522–1700*. Basel 1962

Schmitz, W.: „Reformation und Gegenreformation in der Entwicklung von Buchdruck und Buchhandel". In: *Die Buchkultur im 15. und 16. Jahrhundert*. Hrsg. v. Vorstand der Maximilian-Gesellschaft u. B. Tiemann. Hamburg 1999, S. 253–338

Schneider, F.: *D. Johan Dietenbergers Bibeldruck*. Mainz 1534. Mainz 1900

Schramm, A.: *Die illustrierten Bibeln der deutschen Inkunabeldrucker*. Leipzig 1922

Schramm, A.: *Die Illustration der Lutherbibel*. Leipzig 1923

Schulze, F.: *Deutsche Bibeln. Vom ältesten Bibeldruck bis zur Lutherbibel*. Leipzig 1934

Staatliche Museen zu Berlin: *Kunst der Reformationszeit*. Katalog. Berlin (Ost) 1983

Strachan, J.: *Early Bible Illustrations. A short study based on some fifteenth and early sixteenth century printed texts*. Cambridge 1957

Vogel, P. H.: *Europäische Bibeldrucke des 15. und 16. Jahrhunderts in den Volkssprachen: ein Beitrag zur Bibliographie der Bibeldrucke*. Baden-Baden 1962

Volz, H.: *Hundert Jahre Wittenberger Bibeldruck 1522–1626*. Göttingen 1954

Volz, H.: *Bibel und Bibeldruck in Deutschland im 15. und 16. Jahrhundert*. Mainz 1960

Volz, H.: *Martin Luthers deutsche Bibel. Entstehung und Geschichte der Lutherbibel*. Eingeleitet von F. W. Kantzenbach. Hrsg. v. H. Wendland. Hamburg 1978

Weyrauch, E.: „Reformation durch Bücher: Druckstadt Wittenberg". In: *Gutenberg 550 Jahre Buchdruck in Europa*. Ausstellungskatalog, Herzog August Bibliothek Wolfenbüttel 1990. Weinheim 1990

Wendland, H.: *Bibel und alte Buchkunst*. Begleitbuch zur Kassette. Beinweil am See 1996

Widmann, H.: „Luthers erste deutsche Bibelübersetzung: Das September-Testament von 1522". In: *Ebernburg-Hefte* 6./7. Folge (1972/3), S. 42–65

Wolf, H.: *Martin Luther. Eine Einführung in germanistische Luther-Studien*. Stuttgart 1980

Wolf, H.: *Germanistische Luther-Bibliographie*. Heidelberg 1985

Wolf, H.: „Zum Stand der sprachlichen Lutherforschung". In: *Zeitschrift für Deutsche Philologie 106 (1987)*. Sonderheft Frühneuhochdeutsch. Hrsg. v. W. Besch und K.-P. Wegera, S. 246–272

Die deutschen Bibeln vor Luther

	Ausgabe	Drucker	Druckort	Jahr	Illustrationen
1.	Mentelin Bibel	Johannes Mentelin	Straßburg	1466	keine
2.	Eggestein-Bibel	Heinrich Eggestein	Straßburg	1470	keine
3.	Zainer-Bibel	Günther Zainer	Augsburg	1475	73 Initialen (1)
4.	Pflanzmann-Bibel	Jodocus Pflanzmann	Augsburg	1475	57 Holzschnitte (2)
5.	Sensenschmidt-Bibel	Johann Sensenschmidt	Nürnberg	1476/78	73 Initialen/ 1 Holzschnitt
6.	Zainer-Bibel	Günther Zainer	Augsburg	1477	73 Initialen (1)/ 1 Holzschnitt
7.	Sorg-Bibel	Anton Sorg	Augsburg	1477	77 Holzschnitte (2)
a.	Kölner Bibel	Quentell/Unckel (?)	Köln	1478/79	113 Holzschnitte (3)
b.	Kölner Bibel	Quentell/Unckel	Köln	1478/79	123 Holzschnitte (3)
8.	Sorg-Bibel	Anton Sorg	Augsburg	1480	73 Initialen (1)
9.	Koberger-Bibel	Anton Koberger	Nürnberg	1483	109 Holzschnitte (3)
10.	Grüninger-Bibel	Johann Grüninger	Straßburg	1485	109 Holzschnitte
11.	Schönsperger-Bibel	Johannes Schönsperger	Augsburg	1487	109 Holzschnitte (4)
12.	Schönsperger-Bibel	Johannes Schönsperger	Augsburg	1490	109 Holzschnitte (4)
c.	Lübecker Bibel	Steffen Arndes	Lübeck	1494	152 Holzschnitte
13.	Otmar-Bibel	Johann Otmar	Augsburg	1507	109 Holzschnitte (4)
14.	Otmar-Bibel	Silvan Otmar	Augsburg	1518	109 Holzschnitte (4)
d.	Halberstädter Bibel	Lorenz Stuchs	Halberstadt	1522	119 Holzschnitte (3)

Die Ziffern (1) (2) (3) (4) kennzeichnen die Wiederverwendung der Holzschnitte, die Buchstaben a–d die niederdeutschen Ausgaben.

Abkürzungen

Am	Buch Amos
Apg	Apostelgeschichte
Apk	Apokalypse (nach Johannes)
AT	Altes Testament
Dan	Buch Daniel
Dtn	Deuteronomium (5. Buch Mose)
Eph	Brief an die Epheser
Est	Buch Esther
Ex	Buch Exodus (2. Buch Mose)
Gal	Brief an die Galater
Gen	Buch Genesis (1. Buch Mose)
GW	Gesamtkatalog der Wiegendrucke. Hrsg. im Auftrag der Kommission für den Gesamtkatalog der Wiegendrucke. Bd. 1–8,1 Leipzig 1925–1940. Durchgesehener Neudruck Stuttgart 1968., Bd. 8 ff. Stuttgart 1978 ff.
Hab	Buch Habakuk
Hag	Buch Haggai
Hebr	Brief an die Hebräer
Hes	Buch Hesekiel
Hos	Buch Hosea
Ijob	Buch Hiob
Jdt	Buch Judith
Jer	Buch Jeremia
Jes	Buch Jesaja
Jona	Buch Jona
Kol	Brief an die Kolosser
Kor	Brief an die Korinther
Joh	Evangelium des Johannes
Jud	Brief des Judas
Lev	Buch Levitikus (3. Buch Mose)
Lk	Evangelium des Lukas
Makk	Buch der Makkabäer
Mal	Buch Maleachi
Mk	Evangelium des Markus
Mos	Buch Moses
Mt	Evangelium des Matthäus
NT	Neues Testament
Nah	Buch Nahum
Neh	Buch Nehemia
Num	Buch Numeri (4. Buch Mose)
Offb	Offenbarung des Johannes
Ps	Psalmen
Röm	Römerbrief
Sach	Buch Sacharja
Sir	Jesus Sirach
Spr Sal	Salomo
Tob	Buch Tobit
WA	D. Martin Luthers Werke. Kritische Gesamtausgabe: „Weimarer Ausgabe". Weimar 1883 ff.; I. Abtlg. Werke, II. Abtlg. Tischreden, III. Abtlg. Die deutsche Bibel, IV. Abtl. Briefe
Zef	Buch Zefania

Impressum

Die Illustrationen der Luther-Bibel von 1534 (Umschlag, S. 1, 2, 5, 9, 13, 17, 18, 23, 24, 29, 32, 34–193) stammen aus dem Exemplar der Stiftung Weimarer Klassik/Herzogin Anna Amalia Bibliothek (Sign. Bd. 1: C1,I: 58b; Bd. 2: C1,I: 58c). Wir danken der Stiftung und dem Direktor der Bibliothek, Dr. Michael Knoche für die freundliche Genehmigung. Die digitale Reproduktion wurde von dem Göttinger Digitalisierungszentrum der Niedersächsischen Staats- und Universitätsbibliothek Göttingen durchgeführt. Wir danken Herrn Martin Liebetruth vom GDZ für die gute Zusammenarbeit.

Der einleitende Essay von Stephan Füssel wurde erstmals im Beiheft des Nachdrucks der „Luther-Bibel von 1534" veröffentlicht; erschienen 2003 im TASCHEN-Verlag, Köln. Die Beschreibung der Illustrationen geht auf die Kataloge von Albert Schramm (1923) und Hans Volz („Anhang und Dokumente" zur Bibelausgabe von 1972) zurück.

Umschlagvorderseite: Gottvater als Weltenschöpfer, Blatt IX verso
Umschlagrückseite: Der Engel mit Füßen aus „Feuer-Pfeilern" gibt Johannes das Buch zum Verschlingen, Blatt CXC verso (Detail)
Seite 2: Haupttitelblatt der Luther-Bibel von 1534

Um sich über Neuerscheinungen von TASCHEN zu informieren, fordern Sie bitte unser Magazin unter www.taschen.com/magazine an, oder schreiben Sie an TASCHEN, Hohenzollernring 53, D–50672 Köln, contact@taschen.com, Fax: +49-221-254919. Wir schicken Ihnen gerne ein kostenloses Exemplar mit Informationen über alle unsere Bücher.

Hohenzollernring 53, D–50672 Köln
www.taschen.com

Projektleitung: Petra Lamers-Schütze, Köln
Mitarbeit: Bertille Détrie, Köln
Produktion: Sebastian Böhning, Köln
Design: Sense/Net, Andy Disl und Birgit Eichwede, Köln

Printed in Spain
ISBN: 978-3-8365-1855-0